学前教育专业系列教材

学前
特殊儿童教育

赵　婷◎主编
王瑞琦◎副主编

黑龍江大學出版社
HEILONGJIANG UNIVERSITY PRESS
哈尔滨

图书在版编目（CIP）数据

学前特殊儿童教育 / 赵婷主编. -- 哈尔滨 : 黑龙江大学出版社，2020.4
ISBN 978-7-5686-0488-8

Ⅰ. ①学… Ⅱ. ①赵… Ⅲ. ①儿童教育—特殊教育—研究 Ⅳ. ①G76

中国版本图书馆CIP数据核字（2020）第065003号

学前特殊儿童教育
XUEQIAN TESHU ERTONG JIAOYU
赵 婷 主编 王瑞琦 副主编

责任编辑 宋丽丽 邵明菲
出版发行 黑龙江大学出版社
地 址 哈尔滨市南岗区学府三道街36号
印 刷 哈尔滨市石桥印务有限公司
开 本 720毫米×1000毫米 1/16
印 张 13.5
字 数 221千
版 次 2020年4月第1版
印 次 2020年4月第1次印刷
书 号 ISBN 978-7-5686-0488-8
定 价 35.00元

总　　序

学前教育是终身学习的开端,是国民教育体系的重要组成部分,是重要的社会公益事业。学前教育对幼儿的身心健康、习惯养成、智力发展等具有重要意义。办好学前教育,关系亿万儿童的健康成长,关系千家万户的切身利益,关系国家和民族的未来。改革开放以来,特别是21世纪以来,我国学前教育取得了长足发展,普及程度逐步提高。随着社会经济的发展,人们对学前教育提出了更高的要求。

2018年11月,中共中央、国务院出台了《关于学前教育深化改革规范发展的若干意见》,该意见明确指出:"目前学前教育仍是整个教育体系的短板。"学前教育的短板突出表现在教育资源不足、政策保障体系不完善、教师队伍建设滞后、监管体制机制不健全、保教质量有待提高等方面。其中,教师队伍建设滞后成为制约我国学前教育事业发展的一个重要因素。针对师资问题,该意见提出:"到2020年,基本形成以本专科为主体的幼儿园教师培养体系,本专科学前教育专业毕业生规模达到20万人以上;建立幼儿园教师专业成长机制,健全培训课程标准,分层分类培训150万名左右幼儿园园长、教师。"为了实现这个目标,加大学前教育人才培养力度、提高学前教育专业教学质量是我们面临的重要任务。

为了全面贯彻党和国家的教育方针,我们组织江苏、安徽、黑龙江、吉林、广东等省的本科院校学前教育专业的专家和学者共同编写了这套"学前教育专业系列教材"。本套教材主要面向普通本科院校、成人高校的在校学生,同时也适用于各级各类幼儿园园长和教师的培训。本套教材立足于培养实用型、技能型的幼教教师,坚持理论联系实际、讲学练结合、突出岗位技能训练的原则,力求贯彻能力本位原则、学生主体原则、与时俱进原则。在内容和体例上,本套教材力求做到科学、实用、新颖,密切结合学生的认知规律和学习特点来选择教学内容。理论知识的构建以阐述基本问题为主,理论知识通俗易懂、便于理解。专业技能的训练则与幼教机构的实际需要相联系。本套教材力求做到目的明确、重点突出、指导具体,具有较强的实用性和可操作性。

本套教材的编写得到了教育部幼儿园园长培训中心领导和专家的指导,一些幼儿园园长和资深教师对本套教材的编写也提出了很多宝贵意见。对于他们的帮助,我们表示衷心的感谢。本套教材由于编写仓促,还存在一些问题和不足,我们将在今后的使用过程中不断修订、不断完善,使这套教材更好地为广大师生服务。

编者

目　录

第一章 学前特殊儿童教育总论

学习目标

1. 了解学前特殊儿童的概念与分类,理解学前特殊儿童的评估。
2. 了解学前特殊教育的产生与发展。
3. 掌握学前特殊教育理论基础。
4. 了解学前特殊儿童的个别教育计划。

第一节 学前特殊儿童的概述与评估

特殊儿童,从教育的目的上说,是那些需要特殊教育和相关服务才能实现他们全部潜能的人。特殊儿童的发展与学习是指特殊儿童从孕育到出生后的身心发展与知识经验习得的过程。特殊儿童的发展规律具有其特殊性。然而,在强调特殊儿童的特殊性的同时,仍然需要考虑遵从人类身心发展的一般规律。本节将对特殊儿童概念及分类进行探讨,阐述特殊儿童的教育评估,为教学实践提供基础。

一、学前特殊儿童的概述

(一)学前特殊儿童的概念

英国在沃诺克报告(Warnork Report,1978)中首次提出"特殊教育需要儿童"(child with special educational needs)。特殊教育需要儿童,我们也称为特殊儿童,广义地理解,是指与普通儿童在各个方面有显著差异的各类儿童。这些差异可表现在智力、感官、肢体、行为或言语等方面,既包括在发展上低于正常水平的儿童,也包括高于正常发展水平的儿童以及有轻微违法犯罪行为的儿童。狭义地理解,特殊儿童专指残疾儿童,即身心发展上有缺陷的儿童,又称"缺陷儿童""障碍儿童",包括智力障碍、听觉障碍、视觉障碍、肢体障碍、言语障碍、情绪和行为障碍、多重障碍等类型的儿童。特殊儿童在发现障碍后应得到教育和训练,以达到最佳的康复水平,减少障碍的不良后果,从而得到全面发展,能够适应社会,成为社会平等的成员。

(二)学前特殊儿童的分类

1. 具体分类

特殊儿童的分类是一个十分复杂的问题,它涉及特殊教育历史、社会心理学、伦理学和人类法律法规、公共政策等方方面面。需不需要对特殊儿童进行分类、如何对他们进行分类以及分类引起的标签化等问题在特殊教育发展过程中曾引起激烈的争论,这些争论延续至今,影响着特殊教育的改革与发展。各个国家或地区规定的具体种类、数量和名称不尽相同。

(1)美国的分类

1975 年,美国第 94 届国会通过了第 142 号法令,即《所有残疾儿童教育法》(*Education for All Handicapped Children Act*,以下简称 94 - 142 公法)。该法令规定,残疾儿童(狭义的特殊儿童)分为学习障碍、言语和语言障碍、智力障碍、重听、聋、视觉障碍、情感障碍、肢体残疾、其他健康损害、聋盲、多种残疾共十一类。

1990 年,美国在新修订的《残疾人教育法》(*Individuals with Disabilities Edu-*

cation Act,缩写为 *IDEA*)中将重听和聋合并为听觉障碍一类,并增加了自闭症和脑外伤两类。在 1973 年颁布的《职业康复法》和 1978 年颁布的《天才与特殊才能教育法》中还分别把注意缺陷多动障碍、天才和有特殊才能学生确定为特殊儿童。

(2)日本的分类

在日本,特殊儿童指身心有障碍的儿童,分为智力残疾、肢体残疾、病弱与身体虚弱、视觉残疾(盲、弱视)、听觉残疾(聋、重听)、言语残疾、情绪障碍七类。

(3)中国的分类

我国至今尚未在法律中对特殊儿童的分类做出明确规定。但在一些与特殊教育有关的法令或文件中提出过几类特殊儿童。如 1986 年颁布的《中华人民共和国义务教育法》中提出了盲、聋哑、弱智三类特殊儿童。在 1989 年国务院转发的《关于发展特殊教育的若干意见》的文件中提到了盲、聋、弱智、肢体残疾、学习障碍、语言障碍、情绪障碍共七类特殊儿童。2006 年,我国进行第二次全国残疾人抽样调查时将残疾划分成七大类:听力残疾、视力残疾、言语残疾、智力残疾、精神残疾、肢体残疾、多重残疾。

朴永馨(1995)主编的《特殊教育学》、汤盛钦(1998)主编的《特殊教育概论》,把病弱儿童、轻微违法和犯罪儿童、天才儿童等也包括在特殊儿童的范畴里。

韦小满(2016)编著的《特殊儿童心理评估》,参照国内外已有分类系统,将特殊儿童分为智力障碍、听觉障碍(聋、重听)、视觉障碍(盲、低视力)、学习障碍、言语和语言障碍、情绪和行为障碍、肢体障碍、病弱、自闭症、多重障碍、天才、轻微违法和犯罪十二类。

二、学前特殊儿童的评估

(一)特殊儿童的评估

特殊儿童的评估是指经过适当的检查、测验或其他方式把特殊儿童与普通儿童区别出来,确定特殊儿童的特异性。也称特殊儿童的鉴定、诊断、评价、判断等。特殊儿童评估最广泛使用的评估系统是美国精神卫生协会出版的《精神障碍诊断与统计手册》第五版（*Diagnostic and Statistical of Mental Disorders* Fifth Edition，缩写为 *DSM*－5）和世界卫生组织的《国际疾病分类》第十版（*International Classification of Diseases* Tenth Revision，缩写为 *ICD*－10）。

（二）特殊儿童评估原则

1. 客观性原则

评估中评估人员不能带有主观和个人感情色彩。一切结论要产生在全面检查、分析之后。

2. 准确性原则

用于诊断特殊儿童的全部材料应该是准确的，如儿童发展中的材料、家族史材料、医学检查结论、心理检查结论、儿童的作品等。不能用模糊的概念描述被评估儿童，如“可能”“大概”“也许”“差不多”等。

3. 科学性原则

要使用经过实践检验并被证明有效的方法来检查特殊儿童，如经过标准化了的量表，并由专业人员来实施检查。

4. 全面性原则

对特殊儿童的检查要考虑各方面因素和儿童的发展变化，要对所得检查材料进行全面深入分析，不能只检查某一个方面就随意下结论。

5. 慎重性原则

对特殊儿童的评估受制因素很多，如身体健康状况、新环境、儿童的心情等，因此，评估不能凭一次检查结果而定，可以做较长时间的观察、了解，让儿童在自然状态下表现自我，使评估结果真实、有效。

6. 个别性原因

对特殊儿童的评估可以参照同类儿童的评估结论，但是，特殊儿童不会面临完全相同的问题，对特殊儿童的评估主要还是针对个别儿童的评估材料得出最终结论。

（三）特殊儿童评估程序与内容

1. 评估程序

对特殊儿童的评估，是一项严谨的工作，要按规定的流程进行。一般的流程是：先要对家长或监护人进行儿童成长资料的收集，包括母亲孕期情况、生产情况、家庭成员病史、儿童病史等；再由专业人士通过对儿童一定时间的全面观察和记录，确定疑似问题的倾向；然后，专业人士运用权威性工具对儿童进行测评；最后，对所获取的全部资料进行深入细致的分析，得出诊断结果。

2. 评估内容

（1）智力评估

智力评估是应用最广泛的、能在最大程度上反映儿童发展状况的重要评估内容。智力评估主要是借助于智力测验工具对儿童的智力发展水平所做的评定。智力测验分为个别智力测验和团体智力测验。个别智力测验是同一时间内只对一个受测者施测的测验，如斯坦福－比奈智力量表、韦氏儿童智力量表、考夫曼儿童成套评估测验等；团体智力测验是由主试在同一时间内对许多受测者同时施测，如瑞文推理测验、团体儿童智力量表等。由于学前儿童年龄小，自控力、注意力等尚不稳定，对他们的智力测验一般为个别智力测验。

（2）交流评估

交流评估是通过儿童在自然状态下的交流，对他们的言语与语言能力进行的评定。特殊儿童如智力落后、自闭症儿童都存在不同程度的交流障碍，对学前儿童进行交流评估主要是通过亲子交往和言语与语言发展评估完成的。

亲子交往是专业人士在家长与儿童的交流、交往中观察儿童与家长之间的交往方式与内容，从中评估儿童的问题。

言语与语言发展评估主要采用测验法，其量表很多，如用于对构音障碍、发音障碍、口吃、失语症或语言理解等做专项评估的量表，也有用于对语言发展水平做综合评估的量表。

（3）社会和情绪发展评估

儿童的社会和情绪发展主要指随着年龄的增长，其心理发展逐渐从自然人向社会人转变，包括生活自理技能、社会适应能力和情绪控制能力等。社会和情绪发展评估是运用权威工具对儿童的个体特征、情绪状态、自我认识等进行的评定。

社会和情绪发展评估要使用正规的检核表和评定量表，如巴格内托、内斯沃斯、塞尔维亚和亨特编制的气质和非典型行为量表（Temperament and Atypical Behavior Scale，缩写为 TABS）主要针对 11～71 个月大的婴幼儿，是较新的常模参照的筛选评估工具。

（4）感觉 - 动作发展评估

人的动作技能离不开人的感知加工。如让儿童进行任务操作，儿童先要对一个言语线索或指示进行加工，如果儿童听不懂话，儿童就要对指示动作进行加工，然后把加工信息转化为动作，如产生触觉、本体感觉、运动觉等。因此，感觉 - 动作发展评估主要是对儿童的触觉、本体感觉、运动觉进行评定。感觉 - 动作发展评估是评价儿童从对任务的感觉到满足动作要求的连续性水平。评估工具比较少，主要选择权威的儿童感觉统合测评工具、儿童体适能测评工具。

（5）适应性行为评估

适应性行为是指个人保持生活独立并承担一定的社会责任的行为。这种行为包括儿童与其发展水平相适应的、独立发挥功能的能力；在与环境相互作用时有效满足环境中社会要求的能力；在社会文化约束下调节和发挥功能的能力。

适应性行为评估主要通过融合了诊断性访谈、行为检核表、行为评定量表和直接观察的适应性行为量表对儿童的适应性行为进行评定。其中，直接评估的方式是在自然情境下进行观察和与重要成人进行访谈。间接评估是通过发展性量表、标准参照列表和生态调查表等方法完成的。

第二节　学前特殊教育的产生与发展

相对于普通教育而言，特殊教育产生相对较晚，始于 18 世纪末西方国家的宗教团体为盲聋儿童开办的教育机构，直到 20 世纪中期才获得快速发展，从 20 世纪中后期开始，特殊教育在社会经济快速发展和教育科学基础理论快速更新的背景下不断丰富并获得飞跃式发展。

一、学前特殊教育的产生

(一)产生的背景

特殊教育的发展最初是围绕年龄较大的盲童和聋童展开的。我国自1874年开办第一所特殊教育学校“瞽叟通文馆”开始,随后在山东省、上海市、江苏省、广东省和湖北省等地相继开办的盲童学校、聋哑学校和盲哑学校等都主要是针对小学及以上年龄的儿童开办的。20世纪中后期,世界各国经济获得较大发展,以美国为代表的欧美国家逐步认识到特殊儿童的教育重点放在青少年阶段已经错过了较好的矫正与治疗的生理时机,应该及早地发现特殊儿童在成为特殊儿童之前的特殊表现,并及早地给予预防、教育、治疗和康复训练,以争取时间帮助特殊儿童克服或减轻残障所带来的不良后果,使其中的一部分特殊儿童可以进入普通小学就读,从而尽可能促进特殊儿童向正常健康的方向发展,因而提倡对特殊儿童进行必要的早期教育和训练,并尝试在特殊学校开设学前班,在普通幼儿园增设特殊班或创设融合班,这即是我们现在所探讨的学前特殊教育。

同时,普通学前教育自20世纪60年代开始得到大力发展,积极改进了托儿所教育,广泛进行家庭辅导,普遍开展早期测验、诊断及早期干预,这为一些普通幼儿园开设特殊班接收特殊幼儿,或者在普通班中容纳特殊幼儿以随园就读的方式实施学前特殊教育打下了较好的基础,这些办园方式和教学组织形式的尝试与探索进一步使学前特殊教育的需要得到满足。

(二)产生的原因

学前特殊教育的产生主要源于学前特殊儿童的成长需要、教育科学研究的快速发展、经济社会与文化的发展等原因,具体概述如下:

1.学前特殊儿童的成长需要是学前特殊教育产生的本质原因

学前特殊儿童是客观存在的,在我们日常生活中常常会发现他们的身影。根据人人平等的思想,作为自然人的学前特殊儿童,天生就应具有生存的权利,任何人都不能因其身有残疾或障碍而剥夺其生存的权利,而在人人平等的现代社会里，显然，作为社会成员的学前特殊儿童应该享有与普通儿童同等的发展权利，即应该享有受教育的权利。因此，学前特殊儿童的自然成长及社会成长的需要，以及社会发现并积极满足这种需要，是学前特殊教育产生的本质原因。

2. 教育科学研究的快速发展是学前特殊教育产生的理论支撑

儿童的发展主要指的是身体发育和心理成熟两个方面。学前教育学和儿童心理学、生理解剖学、社会学等学科研究表明，学前期是儿童一生中身体发育和心理发展最快的一个时期。

脑科学的研究表明：0～3 岁期间，儿童的大脑重量已经发育到成人的 75%，到 5 岁时能发育到成人的 80%～90%；在 0～6 岁的婴幼儿成长过程中存在着快速发展的关键时期，对这些关键时期的把握可以事半功倍地促进婴幼儿的自然成长。

"野孩"回归人类社会后，其语言能力很难获得较大发展，除了社会环境的原因之外，就在于其错过了成长为正常人的关键时期，学前特殊儿童的身心发展也具有这样的共性特点，只是其发展的速度和程度有所差异，如果尽早对其进行适当的教育和帮助，就可以减少其残障的症状和减轻其残障的程度，促使其更趋向正常水平发展。

3. 经济社会与文化的发展是学前特殊教育产生与发展的动力和保证

教育作为上层建筑，其发展必然由经济基础决定。经济与文化的发展促进了特殊教育的产生，也为学前特殊儿童的父母提供了更多的工作机会，并有效提高了家庭在特殊儿童接受教育和治疗方面的支付能力。进入 20 世纪后，科学技术日新月异，经济也是飞速发展，社会主体人群的生存状态已经由满足生存的基本需要逐步提高到满足更高层次的精神需求，激发了人们对更高的文明程度的追求，并营造出了一种积极的追求发展和进步的社会精神，这在教育中表现得尤其突出。对学前特殊教育的需求也随之日益突出，并急需得到满足。

学前特殊教育的需求与供应之间的矛盾成为学前特殊教育发展的动力，并随着经济社会的发展而得到逐步解决。教育主管部门在满足了普通教育发展要求的情况下拿出部分财力投入到特殊教育事业中来，并成立专门的特殊教育研究机构，设置并开发特殊教育课程教材，促使特殊教育系统性地发展起来，并带动了学前特殊教育的发展。

二、学前特殊教育的发展

(一)发展的阶段

学前特殊教育起步较晚,目前尚处于发展的进程中,依据与特殊教育的关联程度,将其发展轨迹概括为三个阶段,即启蒙阶段、依附阶段和独立阶段。

1. 启蒙阶段

学前特殊教育的启蒙阶段主要表现为人们对残障幼儿的受教育问题的关注。其启蒙时间可视为与特殊教育的起始阶段一致,大约是18世纪末到19世纪初。讨论的是年幼的特殊儿童需不需要接受教育,如果需要则应接受什么内容的教育,由谁来教,该采用何种方法来教育,在何处受教育等问题。此时特殊儿童教育还处于家庭教育范畴内,由漠然处之转变为在保障特殊儿童基本生存需要的同时想办法给予积极治疗和训练。在启蒙阶段,学前特殊教育发展缓慢,主要表现为一些宗教团体和社会人士采取以收容和保护措施为主的教养形式,给予轻度残疾的特殊儿童一些基本的生存与交往的能力训练。

2. 依附阶段

随着特殊教育在义务教育阶段的尝试与发展,学前特殊教育开始受到重视,将其他年龄段所实施的特殊教育的方法搬到低幼特殊儿童的教育上来,利用其他学段特殊教育的方法、课程、教师及场所等来实施特殊儿童的早期教育。

这个时期为19世纪中后期到20世纪中期之间,主要讨论的是能否提早发现特殊儿童的特殊状况并预防其程度加重,在何时给予帮助能取得较好的效果,有哪些方法能较好地治疗某种类型的特殊儿童,什么样的教育方法对于这些特殊儿童最有帮助等问题。这个时期各类特殊教育的研究与探索任务主要由医生和心理学家们承担,他们尝试出了许多有益的训练治疗的方法,同时对产生残疾的原因也进行了积极研究。

3. 独立阶段

20世纪中后期至今,学前特殊教育进入了独立的阶段,不过目前尚处于探索独立的早期阶段，还没有形成完整的学科体系。这主要是由于随着普通教育中学前教育的快速发展，学前特殊教育作为教育系统中的一个学科开始尝试独立和寻求自身的发展。

由于学前特殊儿童的特殊状况既不同于学前普通儿童，又不同于其他年龄段的特殊儿童，在社会中还处于弱势地位，社会的重视程度有待进一步增强，对学前特殊教育的投入急需加大，自成体系适合于学前特殊儿童的课程、教材和教学方法还有待进一步研究开发，专业的学前特殊教育工作者队伍有待大力建设，学前特殊教育的机构规模还要扩大，等等。这些问题没有解决，只能表明学前特殊教育尚处于独立的早期阶段，这些问题的解决和新的问题的产生，将引领学前特殊教育向独立的、系统化和体系化的方向发展，其发展的独立性越强表明其发展的程度越高。

(二)发展的趋势

我国学前特殊教育自 20 世纪 80 年代以来获得较明显的进步，主要表现为：

第一，学前特殊教育与学前普通教育逐步融合。学前特殊教育最初因其特殊性，是与学前普通教育隔离开的，实行的是隔离式的特殊教育。随着特殊教育受重视程度的提高以及办学规模的扩大，特殊教育逐步与普通教育融合发展，学前特殊教育也呈现出与学前普通教育融合发展的趋势，这不仅表现为在普通教育中开设特殊教育班，在普通幼儿园开设特殊儿童班等教育空间的拓展，而且表现为教学方法的融合运用，综合型教师的出现和队伍的扩大，教育理念的融合发展等。

第二，学前特殊教育的理论研究与实践逐步走向专业化。在高等师范院校和中等职业学校及幼儿师范学校的相关专业(特殊教育和学前教育)中，开设独立的学前特殊教育课程，特殊教育相关内容不再只作为普通教育学中的附带介绍性的章节出现，为培养专业的学前特殊教育教师队伍做准备；同时，专业化的发展还表现在学前特殊教育场所的布置与设计上，学前特殊儿童的特殊需要都可借助教育场地的合理布局而得到满足，不仅从教学需要的角度来布置场地，还考虑特殊儿童的特点，从心理学和美学的角度来设计适宜的教育情境，一些有条件的幼儿园和学前班已经充分利用科学技术的先进成果，分类设立专门活动室。这些技术手段的应用使教育场景中的矫治更科学化、更专业化。

第三，学前特殊教育对象由明显的残疾儿童逐步变为包含不明显的障碍儿童。随着研究的深入，人们发现有些儿童带有不易被发现的障碍，这些隐性障碍对儿童的发展影响极大，如果不及早采取教育和治疗措施，就可能难以补救。现在，人们越来越关注障碍型的特殊儿童。障碍的类型主要有：精神障碍、行为障碍、交往障碍、学习障碍、人格障碍等。学前年龄段儿童因其年幼，活动范围不大，表现出的障碍不是特别明显，但主要是交往障碍、学习障碍。

第三节　学前特殊教育理论基础

儿童发展理论用各种规律或规则对人的发展进行阐述，逐渐接近对人的发展历程的认识。心理发展理论帮助我们更好地理解儿童的孕育、出生、成长及学习，也可以为儿童的学习和发展提供指导。除此之外，来自不同领域的理论与学说也为理解和指导特殊儿童的教育训练提供了科学依据，为教育教学奠定了坚实的理论基础。

一、生物学基础

特殊儿童的学习活动与个体大脑、神经系统发育水平以及健康状况密切相关，特殊儿童的身心发展在很大程度上受到生物力量的影响。生物学中的许多理论，为特殊儿童的发展提供了科学的理论依据。

（一）器官用进废退与功能代偿理论

法国生物学家拉马克（Lamarck）指出“用进废退”是生物进化的主要法则，如果生物某器官没有达到其发展的极限，在环境条件影响下，受到生物本身欲求等的持续性作用，这个器官的功能便会逐渐增加，它便会发展壮大起来。相反，任何器官如果不经常使用，则会逐渐衰弱，功能减退，以致最后消失。但是，个体在发展过程中，身体最终的发育状态还会有一个弹性阈限，由后天生长发育过程中生活环境决定身体这一阈限的具体位置。例如，从生理学角度，经常运动的器官神经刺激和血液循环较多，生长刺激和营养供给偏高，就会发育得比较充分；而相对来说，那些长期不使用的器官（如人类的阑尾、尾骨）就会逐渐消退。这就是个体发育中的“用进废退”现象。因此，如果从小对特殊儿童进行相应的训练，反复、频繁的训练就可以促进这一器官的功能，避免其退化萎缩。

此外，生物器官还有一种功能代偿的现象。当机体的某一部位或器官发生病变或功能失常时，有机体会通过建立新的条件联系，调动器官的残存能力或其他器官的能力对失去的功能进行补偿和代替。并且，在神经生理学层面，神经学家也发现，在发育的某一时期，局部细胞缺失可由邻近细胞代偿，但过了一定敏感期后，缺陷将变为永久性的。因此，对于有需要的机体，器官的代偿作用越早发挥越好。这就要求我们对特殊儿童的干预训练及早进行。

（二）成熟理论

成熟理论是美国著名心理学家盖塞尔的主要观点。他认为支配儿童心理发展的因素是成熟和学习，但成熟更为重要。儿童发展中生物因素具有重要作用，这种通过基因控制发展过程的机制为成熟。成熟与内环境有关，而学习与外环境有关。儿童的心理发展是儿童行为或心理形式在环境影响下按一定顺序出现的过程，成熟是推动儿童发展的主要动力，学习本身并不能促进发展，只是给发展提供了适当的时机而已，同时，发展是呈螺旋上升的，不同阶段的发展会重复和产生不平衡。为了验证自己的理论，他进行了有名的双生子实验。

不成熟就无从产生学习，学习只是对成熟起一种促进作用，成熟是学习与训练的基础，只有在成熟的基础上进行学习或训练才能有效而成功。对于特殊儿童而言，应注重儿童发展的成熟状况，抓住成熟时机开展针对性训练。

（三）关键期理论

关键期是指器官在发育过程中对某些影响因素最为敏感的时期。洛伦兹发现的印刻现象就是对可视对象敏感期的重要证据。对于人类而言，不仅对外在信息有感觉敏感期，对内部刺激也有。

因此，在器官发育最为迅速的时期，应为个体提供良好的、适度的刺激以促进器官的发育，否则可能会使器官畸形，导致各种障碍的发生。

婴儿出生后的最初几年是脑发育的快速时期和关键期。在这个时期，脑的结构和功能都有很强的适应和重组能力，对环境刺激表现得最为敏感，易受环境和经验的影响，脑功能的建立比青春期脑发育成熟后更容易。因此，如果这一时期能够为儿童提供感觉、运动、语言方面的早期训练及其他脑功能正常发育所需的经验刺激，则能最大限度地促进脑的发育与脑功能开发。

其实，在出生之前及生命的前三年是脑发育最关键的时期，也是智力提高最快的时期。在此期间，婴幼儿未成熟脑的可塑性也是最强的。即便有些有害因素会导致新生儿神经的生理性死亡增加，脑的某些区域还能再生新的神经细胞。但是，如果过了中枢神经系统代偿的最佳时期，神经细胞将不能再复制或产生新的神经细胞，脑损伤也就不可恢复了。因此，在关键期内，儿童需要充足的营养、丰富的刺激，这就为特殊儿童教育中营养的干预提供了根据，也为特殊儿童发展与学习中智力的开发提供了时间参考。

除此之外，目前大致承认的发展上的关键期还有言语发展的关键期、人格与社会性发展的关键期。如表 1 - 1 所示。

表 1 - 1　儿童发展的主要关键期

发展领域	发展项目	时间
脑和智力	胎儿及婴儿神经元 大脑 小脑神经细胞 神经胶质细胞	妊娠 10 ~ 26 周到出生后 6 个月 妊娠开始到 3 岁 妊娠初期到出生后 12 个月 分娩前后到 4 岁
感知觉	形象视觉	0 ~ 4 岁
言语	口语	1 ~ 3 岁
	书面语	4 ~ 5 岁
	外语学习	10 岁之前
认知	数概念	5 岁左右
艺术	音乐	5 岁之前
人格与社会性	生活风格	4 ~ 5 岁前
	依恋	6 个月到 3 岁

语言发展的关键期一般在 4 ~ 5 岁。儿童的口头语言几乎是在 1 ~ 3 岁发展起来的。出生 4 天的婴儿已经能区分不同长度的语言音节，区分母语和非母语；2 月龄的婴儿能够区分音素；4 月龄的婴儿表现出对言语刺激的偏好；大约在 6 个月以后，婴儿已经能够“听懂”一些词；1 岁到 1 岁半的幼儿对语词的理解

能力迅速发展，一般在1岁左右能说出少量的词；而在1岁半以后，能“开口说话”，且表现出较高的积极性；2岁以后，特别是3岁之前，幼儿的语音、语法和口语表达能力飞速发展，基本掌握了口语；3~5岁儿童的语言发展开始变得复杂。这就为特殊儿童早期语言的发展与学习提供了有力的时间指标。

人格和社会性发展的关键期，主要由精神分析学派的一系列理论和临床实践证明，早期环境对人格的形成具有决定作用。著名精神分析理论家阿德勒将儿童在生活中由应对困境的方法和策略而形成的特殊行为方式称为“生活风格”。儿童4~5岁时已形成“生活风格”，童年的“生活风格”适应不良往往会导致成年后的某些精神症状的产生，如强迫症、性变态、攻击行为等。此外，6个月到3岁是儿童依恋形成的关键期，安全型依恋不仅给儿童提供了情绪安全的基地，也为儿童今后自身的发展和社会交往的发展奠定了良好的基础，而不安全型依恋则会影响今后的人际交往和自我认同。因此，人格形成与依恋关键期对特殊儿童早期发展中健康人格的培养和心理康复具有重要意义。

关键期理论的提出，为特殊儿童的发展提供了坚实的理论基础。同时，根据这些关键期，为特殊儿童提供适合的教育与干预有助于儿童的发展。可以说，关键期理论为特殊儿童的发展提供了时间和效果的参考标准并奠定了坚实的理论基础。

二、心理学基础

(一)心理学基础理论

学前特殊教育尽管是学前教育学与特殊教育学交叉形成的学科，但与心理学，尤其是儿童发展心理学、教育心理学和变态心理学的关系十分密切。从心理学的角度，采用心理学的方法来探讨学前特殊儿童的身心特征，根据学前特殊儿童的身心特点与发展水平来制订儿童的个别化教育计划，是学前特殊教育必须贯彻的重要原则。

心理学通过长期的研究具有很多分支学科，如发展心理学、认知心理学、生理心理学、教育心理学、人格心理学等。心理学者在长期的研究与发展过程中提出了很多理论，如行为学习理论、认知发展理论、人本理论、多元智能理论等。

1. 行为学习理论

它将学习过程解释为条件作用,认为学习是个体处于某些条件限制之下所产生的反应,因此个体学习到的行为可以解释为刺激与反应之间关系的联结,学习的过程是一种累积归纳(由特殊到一般)的过程。行为学习理论中具有代表性的理论有经典条件作用理论、操作条件作用理论、社会观察学习理论等。根据该理论的观点,特殊婴幼儿的障碍时常表现为问题行为,教育工作者可以通过对前因后果的控制,树立榜样行为,强化合适行为,削弱问题行为。因此,在特殊婴幼儿的教学之初,行为分析是基础;教学过程中行为观察与记录是重点;教学结果以特殊婴幼儿的行为改善程度作为衡量的尺度。

2. 认知发展理论

它强调学习就是对事物的认识、辨别与理解,学习的重点在于形成认知结构,并在具体的学习情景中运用已有的认知结构去认识、辨别,以至于理解各个刺激之间的关系,增加自己的经验,从而改变自己的认知结构。因此,学习是内发的演变(由一般到特殊)的过程。认知发展理论中具有代表性的理论包括皮亚杰的认知发展阶段论、维果斯基的文化历史发展理论、布鲁纳的认知结构学习理论、奥苏贝尔的有意义学习理论、加涅的信息加工理论。根据该理论的观点,特殊婴幼儿的障碍出现在认知加工能力缺陷上,而不是行为反应上。因此,教学的重点应该是增强特殊婴幼儿的信息处理和加工能力,改进其认知过程,完善其认知结构,从而提高教学训练的效果。

3. 人本理论

它强调学习就是学习者以自我为中心,学习自己喜欢且觉得有意义的知识的过程。因此,学习不再是教师设计的教学表演,而是学习者个人经验的积累;学习不是对某个内容的片面理解,而是学习者自己人生成长的历程。人本理论中具有代表性的是马斯洛的需要层次理论、罗杰斯的学习者中心理论等。根据该理论的观点,特殊婴幼儿的障碍是因为迷失了自我,不能依赖个人的经验来积累知识,发展技能,形成人格。因此,特殊教育教学的重点在于培养特殊婴幼儿自主学习探索的能力。

4. 多元智能理论

它认为每个人都具有逻辑数学智能、语言智能、音乐智能、身体运动智能、空间智能、人际关系智能、自我认知智能与自然视察智能等八种智能。每个人的智能是其中多种智能的组合，但每个人在多种智能的拥有上不尽相同，因此需要利用自身的智能优势，因势利导、扬长避短或取长补短，发展成各具个性与特长的人。

（二）心理学在学前特殊教育中的应用

1. 应用行为分析模式

应用行为分析模式（见图1－1）根据操作行为主义的原理与方法来改善特殊婴幼儿的行为，按他们的学习与训练的目标，设计情景和选定可影响目标行为的增强物，并以他们自发的反应行为，建立新的适应行为，消减或改善因某种症状导致的不良行为。

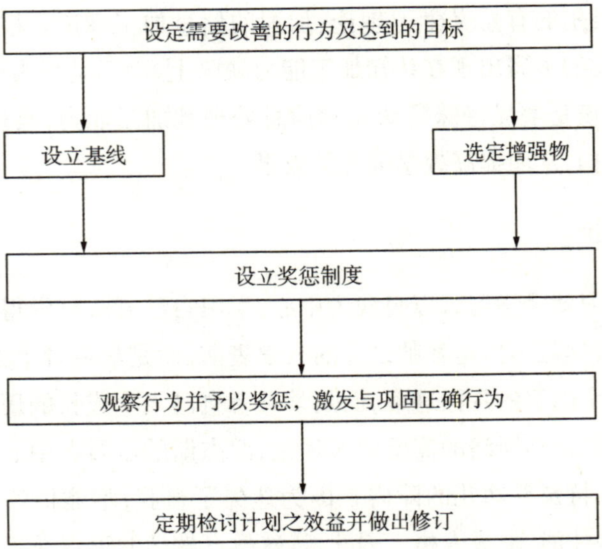

图1－1　应用行为分析模式流程图

2. 认知行为矫正模式

随着认知心理学的兴起,认知行为矫正技术得到了广泛的发展,并且研究者逐渐将视角从外部行为的矫正转向内部思想的改变。可见,认知行为矫正技术是根据认知过程影响情感和行为的理论假设,通过认知和行为技术来改变婴幼儿的不良认知,强调纠正婴幼儿的认知曲解,从而改变他们的行为,使他们保持良好的身心状态。具有代表性的认知行为矫正模式有贝克的认知疗法、艾利斯的理性情绪疗法以及梅钦鲍姆的自我指导训练法。

3. 合作学习模式

合作学习模式强调以学习者为中心,要求特殊婴幼儿在一个由 2~6 名同伴组成的异质性小组中彼此互助,共同完成学习任务,并以小组总体表现作为奖励依据。合作学习的典型模式(见图 1－2)包括师生互动模式与生生互动模式,前者包括一对多模式、一对一模式、多对一模式、多对多模式,后者包括星形模式、环形模式、网状模式、层级模式等。

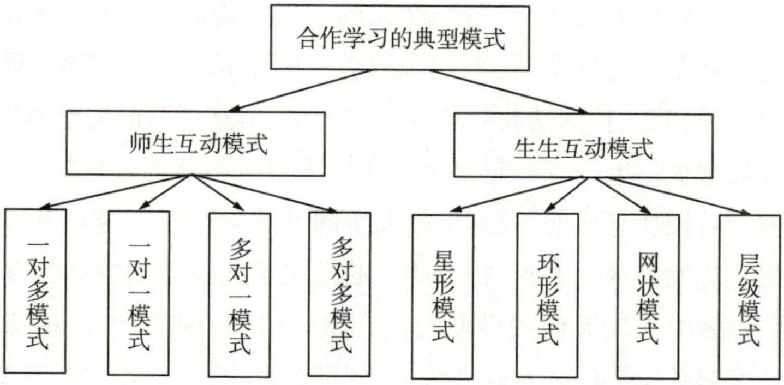

图 1－2　合作学习的典型模式

4. 差异教学模式

差异教学模式强调立足于特殊婴幼儿的个体差异与个性差异,满足他们各自的学习需要,促进其获得最佳发展。差异教学模式要求教师改变教学的进度、水平或类型以适应学习者的需要、学习风格或兴趣。在差异教学课堂中,教师会根据学生的准备水平、学习兴趣和学习需要来主动设计和实施多种形式的教学内容、教学过程与教学成果。依赖个别化教育计划来实施的个别化教学就是差异教学模式的基本要求。

三、教育学基础

（一）教育学的基本观点

学前特殊教育是由教育学的两个子学科——学前教育学与特殊教育学交叉衍生而来的。学前特殊教育要达成培养幼儿的目的，必须遵循教育学中提出的两大规律：教育必须遵循人的身心发展规律并为人的身心发展服务，教育必须遵循社会的发展规律并为社会发展服务。只有这样，学前特殊教育工作才能更好地为学前特殊幼儿的发展服务。教育学在长期的研究与发展过程中提出了很多具有代表性的观点，如全面发展观、全程发展观、动态发展观、潜能发展观、主动发展观等。

全面发展观指人的发展具有整体、协调和统一的性质，包括生理和心理的发展。根据全面发展观的要求，特殊幼儿的发展不能顾此失彼，特别是在有针对性地对特殊幼儿进行训练时，不能采取单一的干预内容与策略，而应该整合相关的干预项目，兼顾特殊幼儿身体、认知、人格、情感等方面的整体发展。

全程发展观提出人的发展是整个生命里程持续不断的变化过程，这个过程是由多个发展阶段所组成的，特别重视人生的开始阶段对人身心发展的基础性作用。根据全程发展观的要求，特殊幼儿的发展不能被学前特殊教育人员所忽视，因为语言、智力等发展的关键期很多在这一阶段，因此，学前特殊教育要重视很多儿童发展关键期的针对性训练，做到训练得法，使幼儿成长健康。

动态发展观提出人的发展是一个主体与客体不断相互作用的过程，是一个从量变到质变的过程，在发展的过程中可能会出现很多波动与不平衡。根据动态发展观的要求，特殊幼儿的发展可能出现很多不可预期的情况，包括进步后的倒退、长期停滞不前等，这就要求学前特殊教育训练人员有耐心、恒心和信心。根据特殊幼儿发展的情况，抓住重要的突破点，争取从某点突破来辐射其他方面的发展。

潜能发展观认为人的发展是不断发掘自身内在的未开发出来的综合能量

的过程。世界上不存在没有潜能的人，只有潜能没有充分发展和发挥的人。根据潜能发展观的基本思想，特殊幼儿也是具有潜能的人，只是他们的潜能没有被发掘而未能展现出来，学前特殊教育的作用在于通过有效的训练措施与手段，发掘他们的潜能。

主动发展观认为人的发展受到遗传、环境、教育、人的主观能动性等多种因素的影响。在这些因素中，遗传是不可控的内因，环境是不可控的外因，教育是可控的外因，人的主观能动性是可控的内因。人要获得全面的发展，必须抓住可控的内因。因此，学前特殊教育要有效地培养和发掘人的主体性，并在训练与日常生活中使自己的主体性得到有效的发挥。

（二）教育学观点在学前特殊教育中的应用

教育的五种发展观强调通过发挥人的主观能动性来发掘人的潜能，克服发展中的不平衡性，重视人的全程发展，促进人的全面发展。因此，学前特殊教育在针对特殊幼儿进行训练时要重视发挥他们的主观能动性，可以通过改变特殊幼儿在教育训练过程中的被动地位来达到早期干预的目的，活动本位模式正是在这种思想的主导下应运而生的。活动本位模式通过生态评量过程选取生活中的重要活动作为教学训练主题，横跨认知、情感、行为等不同的领域，实施综合教学，达到多层目标，如动作、沟通、社会、认知、自理。

1. 三个基本命题

活动本位模式强调三个基本命题：(1)直接与较大的社会文化环境二者的影响和互动；(2)由特殊婴幼儿自主参与活动的需要；(3)借助婴幼儿从事功能性及有意义的活动，以增进其学习。采取这种干预模式强调婴幼儿个人的目标与学习结果和自然发生的活动相结合。

2. 四个基本要素

活动本位模式包含四个基本要素：(1)教学训练由幼儿主导，并重视幼儿的互动；(2)将教学训练融入例行性、计划性或幼儿创发的活动中；(3)习得的是功能性和类化性的技能；(4)系统化地运用自然合理的前因与后果。

3. 需要遵循五项原则

活动本位模式中活动的设计需要遵循五项原则：(1)符合特殊婴幼儿教学

训练的目标;(2)适合特定年龄的特殊幼儿身心发展;(3)活动设计多样化;(4)取材于社区活动;(5)寓教于乐。

第四节 个别化教育计划

特殊儿童的教育问题一直备受人们的重视。长期以来,人们达成共识,对他们的教育与正常儿童一定不同,并尝试了多种方式和方法。目前,受到国内外人士认同的是采用个别化教育计划,实施对特殊儿童的教育。

一、个别化教育计划的定义与特征

(一)个别化教育计划的定义

个别化教育计划(individualized education program,缩写为 IEP)也称个别化教育方案。一般认为是指由地方教育部门的代表、学校教师、心理学工作者、医生、社会工作者以及家长或监护人组成的小组为特殊儿童制订的一份满足其个别化学习需要的特殊教育及服务的书面计划。这个计划既是儿童教育和身心全面发展的总体构想,又是对儿童实施教育与相关服务的具体方案,主要包括:现有教育表现水平描述;应达到的短期与长期目标;应提供的特殊教育服务设施及应参与普通教室活动与计划的程度;实施的日期与期限;评估措施与日程安排等内容。肖非(2005)指出:IEP 规划和指导了特殊学生在学校接受的特殊教育的方方面面,描述了学生的教育需要,确定了学生要达到的教育目标,规划了学生的教育安置形式,明确了学生的教学进程和进步的评价标准;既是特殊儿童教育和身心全面发展的一个总体构想,又是针对他们进行教育教学工作的指南性文件。

(二)个别化教育计划的特征

个别化教育计划与教师日常所写的教案不同。综合我国目前针对特殊儿童教育设计的 IEP,大致有以下特征:

1. 严谨的科学性。IEP 要建立在科学与精确测量的基础之上来制订。也就是说，制订 IEP 首先要以科学态度、科学方法和科学的测量工具来完成。

2. 规范的程序性。由于 IEP 是为特殊儿童提供满足特殊儿童个别化教学需要的科学指南，其中规定了教师对特殊儿童进行教育的程序，并且这些程序应是适合儿童发展需要的、由初级到高级安排的。

3. 设计的标准性。对于学生而言，IEP 是个别化的，针对他们独特的需要而设计，是异质的、基于个别差异的计划。但是，对于设计与实施者而言，IEP 的制订要用同质的、标准化的形式与步骤来规范。这有利于 IEP 的相关研究与推广。

4. 实施的民主性。IEP 的设计与实施需要多方人员的协同配合来完成，如教师和其他专业人员、学校与社区人员、家长与教师的合作等。

二、制订和实施个别化教育计划应注意的问题

肖非（2005）曾撰文《关于个别化教育计划几个问题的思考》，指出：IEP 的制订和实施是一个系统工程，其间各个步骤环环相扣，每个步骤的进行都直接关系到这个 IEP 是否或能在多大程度上使特殊儿童受益。对于这些步骤上出现的问题需要加以注意并改进。

（一）制订 IEP 要避免随意性和经验性

个别化教育计划的制订是制订者依据评估的结果，进行的一种预期目标的假设，如特殊儿童应该而且能够学习什么，以及能够以什么速度学习。就实际而言很难做到准确。因此，制订 IEP 的过程不可避免地会有主观因素的干扰，会出现随意性。特别是初次制订 IEP 的人更要注意避免受主观因素的影响。

（二）注意参与制订 IEP 人员的资质

关于哪些人员可以参与制订 IEP，一些国家在相关法律法规中有明确规定。如专业人员需有相应的资格认证方可参加对特殊儿童的测验、评估等工作；专业人员在进行测验和诊断时，必须严格按照测验的要求和指导语进行，保证测验的真实性和有效性；要使用信度和效度都比较高的标准化量表等。美国相关特殊教育法律规定，IEP 小组的成员应当包括：学区的行政人员代表，如普通教育的教师、特殊教育的教师或提供相关服务的专业人员；儿童的父母或监护人；

诊断或评价人员;如果有需要而且情况允许,儿童本人可以参加个别教育计划的讨论与拟订。

(三)注意家长的培训与配合

事实上,一个适宜、有效的IEP,在制订、实施、评估的整个过程中都对家长有很高的要求,如家长要有一定的知识水平、时间和精力的投入,以及积极参与、全力配合的态度等。如果家长不能充分理解和信任相关专业人员,不采取积极合作的态度或是抱有种种偏见或顾虑,则会妨碍专业人员获取有关儿童的全面、完整的信息,影响到评估的准确性和全面性,导致教育、治疗、训练等设计有效性过低等。因此,注意对家长进行相关知识的培训,更多地给家长信心,使家长能全身心地配合,使IEP的制订和实施真正有效,更加利于特殊儿童身心发展。

思考与练习

1. 简述学前特殊儿童的概念与分类。
2. 简述学前特殊教育的产生与发展。
3. 试述学前特殊的教育心理学基础理论。
4. 什么是学前特殊儿童的个别化教育计划?

第二章 视觉障碍儿童的教育与保育

学习目标

1. 了解视觉障碍的定义、分类及成因。
2. 掌握视觉障碍儿童的评估过程与发展特点。
3. 掌握视觉障碍儿童的学习特点与教育方法。
4. 了解视觉障碍儿童的保育。

眼睛是心灵的窗口,是人类主要的感觉器官,视觉在日常生活中扮演着重要的角色,人类接受外界刺激获得信息有八成是通过视觉。学前儿童的视觉障碍会给日常生活与活动带来不便,同时也会影响儿童的其他各方面的发展。因此,对严重的视觉障碍儿童,我们要利用特殊的教育和训练技术进行教育,使其在语言、认知及社会适应等方面得到较好的发展,融入到普通儿童之中,从而提高特殊教育的质量,更好地促进视觉障碍儿童的发展。

第一节　视觉障碍概述

一、视觉障碍的定义及分类

（一）视觉障碍的定义

美国1975年颁布的《障碍者教育法案》中对视觉障碍的定义是：视觉障碍是一种视觉上的损伤，即使经过矫正，其损伤对教育活动仍有不利的影响。

2006年我国《第二次全国残疾人抽样调查残疾标准》中认为，视觉障碍又称视力残疾，一般是指由各种原因导致双眼不同程度的视力障碍或视野缩小，而难以从事正常人所能从事的工作、学习或其他活动，以致在日常生活和社会参与过程中存在障碍。

（二）视觉障碍的分类

我国制定的《视力残疾标准》将视觉障碍划分为盲和低视力两类、四个等级。一级盲：好眼的最佳矫正视力低于0.02；或视野半径小于5°。二级盲：好眼的最佳矫正视力等于或优于0.02，而低于0.05；或视野半径小于10°。一级低视力：好眼的最佳矫正视力优于或等于0.05，而低于0.1。二级低视力：好眼的最佳矫正视力优于或等于0.1，而低于0.3。

世界卫生组织（WHO）制定的视力残疾标准与我国的一样，只是将无光感专门列为盲的一类，且视力残疾程度越高，其标准的级别序数也越高。

二、视觉障碍的成因

造成视觉障碍的原因很多，主要归为以下几类：

（一）视觉器官因素

视觉器官包括眼球、视神经传导系统和眼附属器三部分，只要其中一部分出现病变,就有可能产生视觉障碍。这些视觉器官发生病变,有的是由于遗传等先天因素,如家族遗传、近亲结婚和胎儿期的影响等,而有的则是由于后天因素。

(二)全身性疾病

全身性疾病主要包括传染性疾病和一般性疾病两类。传染性疾病如麻疹、风疹、脑炎、肺炎、伤寒、结核病、白喉和猩红热等,一般性疾病如糖尿病、高血压、肾炎、贫血及维生素缺乏等,这些都有可能造成不同程度的视力损伤。

(三)心因性疾病

心因性疾病是指人们的情绪及心理问题方面的因素导致的视觉功能异常。个体短期的情绪困扰立刻会在视觉功能上显示出异常症状,如视力模糊、眼前呈灰暗色或有云雾感,随即视力骤减等;个体长期心情低落、抑郁紧张,或焦躁不安等消极情绪对于视觉功能则会造成更长远的影响,严重的仅有光感或完全失明。

对于这些患者,如及时治疗,多数病人在数周或数月后可逐渐恢复视力。歇斯底里失明症就是这种病因的典型病例。

(四)眼外伤

眼球结构精密而又脆弱,生理功能复杂,即使是轻微的眼外伤,也可能导致严重的视力减退,尤其是穿孔性眼外伤,不仅受伤眼睛会遭到严重破坏,而且可能会感染交感性眼炎,导致双眼失明。眼外伤对眼球的破坏,即使得到及时的治疗,有时也难以保持原有的视功能。因此,在幼儿园日常活动中,应当注意防止眼外伤的发生。

第二节　视觉障碍儿童的评估与发展

一、视觉障碍儿童的评估

（一）评估的目的

从教育的角度来看，评估的目的是给视觉障碍儿童提供更好的教育和教育安置，因此，应将主观评估与客观评估有机结合，促进视觉障碍儿童的教育和生活。

（二）评估与鉴定过程

对视觉评估与鉴定过程分为观察、医学检查、治疗和综合评估等不同阶段。

1. 观察

在儿童的视觉鉴定中，父母、医生和教师可以根据儿童的行为、外部表情和语言，通过观察，来判断儿童是否可能出现视觉障碍。

观察这一阶段主要包括：父母观察、医生观察和教师观察。父母观察是看儿童是否没有眼睛的转动或对视觉刺激没有预期的反应；医生观察主要是看新出生的婴儿是否有可诊断的视觉障碍；教师观察是在教学中看学生是否有斜视或看上去讨厌光线，学生的眼睛是否流泪或是红的，学生是否经常撞东西等。

2. 医学检查

视觉障碍儿童常见的医学检查见表 2－1。

表 2－1　视觉障碍儿童常见的医学检察

检查手段	结果及对进一步评估的指示
眼科评估	医学检查显示:存在障碍或视觉功能降低,但不能通过手术或医学干预来提高到正常水平
功能性视觉评估	视觉障碍妨碍了学生从环境中附带学习的能力,并明确学生在完成任务时的视觉使用情况
低视力专家评估	专家的评估确认其视觉功能不能通过使用透镜(眼镜)改善到正常水平
学校视力检查	由于在入校前低视力学生未被确认,所以筛查指明了进一步评估的需要

3. 治疗

治疗阶段包括:预备治疗安排和治疗安排两个过程。通常视觉障碍儿童是不需要预备治疗安排这一步骤的,因为他们残疾的程度已经说明了对特殊教育和相关服务的需要。视觉障碍儿童应该由医学人员或家长在幼儿期或学龄前的早期干预中进行治疗。教师应该把任何可能有视觉障碍的儿童立即送去进行评估。

4. 综合评估

视觉障碍儿童常见的综合评估见表2－2。

表2－2　视觉障碍儿童常见的综合评估

评估手段	结果和进一步评估的指示
个别智力测验	标准化的测验可能需要修改，因为儿童的视觉障碍会妨碍完成任务的能力，因此，结果可能不能正确反映其能力。儿童智力可能属于平均、偏上或偏下
个别成就测验	儿童在一些概念形成方面和学科领域不能获得与同伴相似的成就。同样，由于视觉障碍，这些标准化的测验无法得以使用，因此这些测验需要修订后才能施用于视觉障碍儿童，否则可能不能正确反映儿童成就
适应的行为量表	儿童由于视觉障碍在自我照顾、家务、社交技能等方面存在困难
定向和行走评估	儿童在环境中定位和去想去的地方的能力可能是有限的
事件记录	儿童可能不参与家庭、社区或学校的与年龄相适应的自我帮助、社交活动和娱乐活动
以课程为基础的评估	儿童可能不掌握与年龄相应的交流、日常生活、职业认知、知觉以及良好的动作、社交和自主方面的知识和技能
学习工具的评估	儿童不使用放大的事物或代替工具时不能或难以对印刷媒质做出反应，或儿童较长时间不能确认书本中的阅读内容

通过以上的评估，评估小组对儿童视觉障碍情况及对于特殊教育和相关服务的需要做出决定，最终确定其合适的教育。

二、视觉障碍儿童的发展

（一）感知觉特点

由于视觉障碍儿童的视觉感知渠道完全或部分受阻，难以了解物体的具体形象，所以他们的认识活动主要依靠听觉、触觉、味觉、嗅觉等感觉功能来实现。

1. 视觉障碍儿童的感觉

由于视觉障碍儿童部分或全部丧失了视觉，所以听觉成为他们认识世界、获取外界信息的重要手段。由于视觉障碍儿童更多依靠听觉，客观上使听觉得到了锻炼，所以他们常常被认为听觉比一般儿童好。而通过相关实验和脑成像技术验证也证明相比于普通儿童，受过训练的视觉障碍儿童的听觉注意力和听觉记忆力都比较强。

触觉不仅可以用于认识物体的部分特征，而且还可以同其他感觉联合起来，更加深入地了解物体的特征。触觉在视觉障碍儿童的学习和生活中起着难以替代的作用。对于视觉障碍儿童来说，在一定程度上手可以代替眼睛的部分功能，如手的触觉可以帮助他们感知周围的环境及分辨盲文，为他们生活、学习提供方便。

2. 视觉障碍儿童的知觉

由于视觉障碍儿童的视觉出现障碍，他们在形成空间知觉时遇到很多困难，因此，他们主要借助听觉、触觉、动觉、嗅觉等方面的信息来形成空间知觉。换句话说，视觉障碍儿童通过除了视觉之外的感觉器官搜集信息，了解物体的形状、长度和重量，以及对物体方位和距离进行判断，从而促进视觉障碍儿童对空间关系的认识。但是，与普通儿童相比，视觉障碍儿童空间知觉的准确性不是很高。

视觉障碍儿童受视觉缺陷的影响，无法对时间进行感性的体验，只能从生活经验及活动规律中判断时间。一般来说，视觉障碍儿童对短时距的精确判断主要是依赖于人体自身的生理节律性活动和计数，而对长时距的精确判断主要靠计时工具。

（二）社会适应能力发展特点

视觉障碍儿童除了睡眠之外，其余很多时间都在进行着社会交往。社会交往是多渠道且用多种感觉进行的，视觉障碍儿童除了听觉之外，无法从视觉得到对方的非语言的信息，视觉障碍儿童也无法借助手势、表情、姿态来表达内心的思想感情。上述情况势必影响到他们对别人意见的全面理解，造成了视觉障碍儿童社会交往中的被动性，不准确性，以及由此而产生的猜疑和畏惧。

（三）语言、言语特点

由于视觉障碍儿童失去视觉的协同作用，因此，他们的语言的形成和发展主要依靠听觉的作用。但是，在对词义的理解上，儿童一般是首先结合视觉形象来理解词义的。因此，视觉障碍儿童对大量词义的理解缺少相应的表象基础，即对词的理解与词的本义不一致。

（四）认知特点

1. 思维特点

视觉障碍儿童思维活动具有概念不完整、不准确的特点。他们很难把握住词汇所表达的概念；在概念的形成上，视觉障碍儿童缺乏丰富的感性材料，因此，他们很难把同类事物的共同特点归纳和总结出来；视觉障碍儿童的空间概念的形成也很困难，他们很难把握物体之间的相互位置及其联系等问题。除此之外，相比于普通儿童，视觉障碍儿童思维活动发展也相对比较落后。

2. 注意力特点

视觉障碍儿童的视力出现障碍，他们只有把注意集中在较小范围内才能获得相对较多的有关刺激物的信息，注意的广度比较窄小。同时，他们的注意也不容易受周围其他刺激物的影响，因此注意比较稳定。但是，视觉障碍儿童一般不能同时从事其他的注意活动，注意分配能力较差，注意力较难转移。值得注意的是，视觉障碍儿童拥有较高的听觉注意力，他们有较强的听觉选择性，自觉地排除无意义声音的干扰而把注意力集中在有意义的声音上。

3. 记忆力特点

视觉障碍儿童的瞬时记忆不全面、不完整。其原因主要是视觉障碍儿童的视觉经验匮乏，主要靠声音记忆，获取的信息往往是不全面、不完整的，视觉表象难以形成，致使年龄较低的视觉障碍儿童表现出以机械记忆为主的记忆特点。由于视觉障碍儿童在视觉方面的障碍，相比于普通儿童，他们在空间知觉、视觉搜索、视觉表象、视觉形象记忆和观察模仿能力等方面都比较差。视觉障碍儿童在生活和学习中主要是通过听觉获取信息的，他们的听觉记忆力得到不断强化，听觉记忆的技巧也不断增强。

第三节 视觉障碍儿童的学习与教育

一、视觉障碍儿童的学习

由于视觉障碍儿童的感知觉、社会适应、语言、言语、沟通、认知、生活自理等能力存在缺陷，他们的学习内容除了基本的知识和技能外还包括针对自身缺陷所进行的补偿性教育内容。

（一）学习方式

视觉障碍儿童的学习主要是通过听老师讲课、听各种媒体信息、摸盲文课本及盲文资料、摸各种教具学具、手工操作等来获取知识和掌握技能的。视觉障碍儿童需要通过除视觉之外的其他感官来进行学习，尤其是听觉与触觉两种感官。他们只有听到、听清、听懂、摸到、摸懂等，才能更好地获取知识和掌握技能。

（二）需要特殊的教学设施

视觉障碍儿童一般要使用盲文课本、资料和盲文试卷，通过触觉感知并获取相应的内容。因此，视觉障碍儿童在学习的过程中需要准备用于书写盲文的盲板、盲笔和盲纸等学习工具。此外，他们还可以通过有声读物进行学习。

对于还有残余视力的视觉障碍儿童，教材、学习资料及试卷要根据儿童的需要放大尺寸，增加对比度，选择合适的颜色复印制作，并且，纸张不能太光滑，以免产生眩光。学具教具也需要进行放大和着色，以满足视觉障碍儿童的特殊需要。此外，还有残余视力的视觉障碍儿童有时还需要不同的助视设备，如放大镜、望远镜、闭路电视放大器、计算机屏幕显示放大软件和阅读裂口器等。

（三）识字、写字和阅读方面的困难

汉字量大，结构复杂，笔画繁多，视觉障碍儿童缺少视觉所能提供的形象的信息，因此，在掌握汉字的过程中会出现很多困难。教师要注重培养视觉障碍儿童用汉语拼音读准字音的能力，指导视觉障碍儿童用构字规律分析记忆字形，并培养其用字典、结合上下文和生活实际理解字义的能力。

由于视觉障碍儿童容易出现看不清老师的示范过程、分不清相近笔画间的微小差别和动作缓慢等问题，他们在写字的过程中也会遇到很多困难。因此，很多视觉障碍儿童只能使用盲文进行书写。

视觉障碍儿童使用盲文或有声读物进行阅读。由于近距离看书视野小、眼球震颤等原因，还有残余视力的视觉障碍儿童阅读普通阅读材料时速度明显低于普通儿童。

二、视觉障碍儿童的教育

（一）学前视觉障碍儿童的教育内容

1. 感官训练

感官训练是指对视觉障碍儿童的听觉、触觉、嗅觉、味觉及残余视觉等感官功能进行有计划的干预训练，以使其他感官更好地代偿视觉的损失，使得视觉障碍儿童能客观地认识世界、学习各种技能、适应社会生活。

（1）残余视觉训练

视觉技能包括固定、注视、追踪、调节等。正常儿童在日常生活中获得了大量的视觉技能，但视觉障碍儿童的视觉技能发育不同程度地受到各种阻碍，因此，对视觉障碍儿童进行视觉技能的训练是十分必要的。最初的视觉技能训练

是让视觉障碍儿童对光亮产生注意。可以利用手电筒的亮光向上、下、左、右及近、远移动,训练他们的视觉追踪能力以及辨别远近的能力。随后可以把各种色彩鲜艳、反光良好的玩具拿到背景对比明显的环境中进行上述训练。

(2)听觉训练

听觉是人们接收外界信息、认识客观世界的重要工具之一。由于视觉障碍儿童丧失了部分或全部的视觉,所以听觉成为他们认识世界、获取外界信息的主要手段,也是他们学习、交流、活动的主要途径。

在婴幼儿出生后的几个月,就可以开始对其进行听觉训练了。在0~6个月的时候,家人要随时跟幼儿交流,或者播放电视或收音机,或者把小铃或其他能产生柔和声音的玩具放在他的周围,让他了解声音的存在;6~12个月的时候,家人可以通过玩有声玩具并改变玩具的位置,让幼儿转头追寻声源;1~2.5岁时可以让儿童通过触摸了解声源,如触摸水龙头、抽屉、闹钟等声源,家长这个时候还可以带儿童外出去听声音,并指出声音的来源;2.5~4岁时,家长可以指导儿童听更多的声音,可以到郊外听听大自然的声音,辨别声音的远近,也可以把发声体藏起来,让儿童去寻找。接下来就是训练儿童的听觉记忆,可以通过执行家长的指令、玩耳语传话游戏、打电话等活动来进行。对于视觉障碍儿童而言还有一项特别重要的听觉训练,就是在嘈杂的环境中有选择地听,接收有用的信息,对没有意义的声音不予关注。这个可以通过在嘈杂环境中听拍球的次数、在音乐中听指令等方式来进行训练。

(3)触觉训练

人们对事物空间特性的认识和触觉分不开。触觉不仅可以帮助人们认识物体的软、硬、粗、细、轻、重等特性,而且通过同其他感觉联合起来,还能够帮助人们认识物体的其他属性。触觉是视觉障碍儿童获得经验与知识的重要感觉。

触觉训练首先是要教会视觉障碍儿童认识物体,包括认识日常实物和模型。在6~12个月时,家长可以给幼儿提供一些既方便抓握又能避免误食的触觉玩具,鼓励儿童玩耍,在玩耍的过程中认识物体。在1~2.5岁的时候,家长可以帮助儿童认识事物的一些特性,如冷、暖、干、湿、软、硬等。当视觉障碍儿童辨认物体的时候,家长和教师应给予生动的语言描述,如柔软的枕头、硬的地板、冷的水、热的馒头等。在2.5~3.5岁的时候,就要给视觉障碍儿童介绍尺寸的概念,如提供家人的鞋子让儿童去配对,或使用其他物品,如积木、纽扣、小塑料瓶等,依据尺寸、长度、形状去分类。在4~5岁的时候可以指导儿童串珠子，走路时让儿童感受不同的路面，如人行道、泥土、草皮、柏油路面等。在训练的过程中家长要教给视觉障碍儿童正确的触摸方法，要按照一定的顺序进行触摸：先整体、再局部、再整体；从头到尾、从上到下；触摸较大的物体要借助基准点、线、面，避免观察遗漏和重复。另外，还要进行视觉障碍儿童的触摸分配训练，可以让视觉障碍儿童的手同时触摸两种不同的物体，观察其异同。这对提高触摸效率、拓展观察范围非常有效。

（4）嗅觉与味觉训练

美妙的气味会引导视觉障碍儿童去主动探索外界的事物，嗅觉可以帮助视觉障碍儿童辨认物体、辨别方位以及为定向行走提供线索。

家长首先要帮助孩子认识和分辨不同的气味，然后区别各种物品特有的气味特征，以此来区分不同的物体。等孩子稍大一些，可以让他们根据气味来认识环境，如小吃店的气味、书店的气味等。在味觉训练中，视觉障碍儿童一方面必须能够区分不同的味道，如酸、甜、苦、辣、咸等，另一方面还要能通过品尝来辨认食物。

2. 运动技能训练

通常，运动技能的训练包括粗大动作技能的训练和精细动作技能的训练两类。粗大动作是指身体的大肌肉运动，精细动作是指身体的小肌肉运动。视觉障碍儿童由于其自身的缺陷，自发的运动会相应减少，他们更倾向于待在某个地方不动，以保证自己的安全，这就会造成视觉障碍儿童的运动技能发展明显落后于普通儿童，所以要加强对视觉障碍儿童的运动技能的训练。

（1）粗大动作技能的训练

视觉障碍儿童坐、爬、站、蹲、走等基本动作的发展顺序与普通儿童是一致的，由于视觉障碍儿童缺少运动动机，所以其发育相对于普通儿童来说要晚一些。这就要求家长不断地给予大量有效的刺激，促进其运动技能的发展。粗大动作技能的训练从婴儿期的变换体位开始，这个时候视觉障碍儿童需要家长的帮助，不然他们会长期地保持一个体位不动。不同的体位不但能使不同部位的肌肉得到训练，更重要的是能激发视觉障碍儿童的运动兴趣。

（2）精细动作技能的训练

当儿童能控制自己身体的时候，就要开始训练其精细动作技能。精细动作技能的训练包括手和手指的动作以及手眼协调的能力训练，如手指对捏、捡拾、捻压、揉搓等。

3. 语言训练

人类的发音器官的运动是一系列非常精细复杂的运动，口形的变化、舌的伸缩、面部肌肉的运动以及发音时的呼吸，任何一项发生障碍都有可能影响语言的表达。视觉障碍儿童由于视觉上的缺陷，看不到人们发音时的动作，也看不到人们使用目光、手势、表情等辅助手段进行交流，因此他们学习说话时会遇到很多正常儿童所想不到的困难和障碍。0～3岁是语言发展的关键期，这就要求父母在儿童学习语言时注意他们的特殊需要，帮助他们学习语言。

对视觉障碍儿童的语言训练可包括发音、语言理解和语言表达三个方面。发音训练在视觉障碍儿童学说话时就要开始进行。家长首先应该让他们触摸说话者的脸和嘴，让他们感受唇和下颌的运动，让他们感受说话时气流的运动，然后让视觉障碍儿童把手放在自己的嘴上，重复家长的话，活动嘴唇等器官，这样就能减少一些发音不准的现象。在教视觉障碍儿童说话的时候，要尽量让他理解词语所表达的意义，除了详细的描述和触摸外，还要结合各种情境让儿童理解语言，如反复地告诉儿童他正在做什么，以结合不同的生活情境来理解语言。当儿童掌握了大部分的名词和动词后，就要鼓励儿童跟家长进行交流。当其他人同视觉障碍儿童交流的时候，家长要让儿童自己来回答问题，而不要代替他们回答。另外，视觉障碍儿童的语言指导应该兼顾表情教育，在生活中鼓励孩子多利用面部表情来表达内心的喜怒哀乐。

4. 生活自理及社交技能的培养

随着视觉障碍儿童年龄的增长及活动能力的增强，家长和教师要逐步训练他们基本的生活技能，教给他们社交常识。视觉障碍儿童生活自理能力训练的主要内容通常包括：独立吃饭、穿脱衣服、洗澡、独立上厕所等。

视觉障碍儿童生活自理能力训练是一个漫长的过程，家长要有耐心，不能因为孩子做得慢或做得不好就放弃努力，自己来代办，这样不利于孩子以后的学习和生活。视觉障碍儿童要在社会上生活，就必须与各种各样的人进行交往，良好的社交技能能帮助他们更好地融入社会、被人们所接受。

要从小培养视觉障碍儿童良好的独立性，儿童能做到的事情就让他自己去做，即便是儿童不能独立完成的事情家长也应只给予适量的帮助，而不是全权代替。要鼓励儿童多交朋友,与他人玩合作性游戏,体会和同伴交往过程中的各种感受,加强社交技巧的训练,教给儿童合适的表达友谊的方法,家长应以身作则,给予良好的示范。

总体来说,对视觉障碍儿童进行早期干预是一个复杂和艰辛的过程,它涉及社会、学校、家庭等方面,需要各方面一起配合才能收到实效。

(二)学前视觉障碍儿童的教育方法

1. 综合多种感官法

鉴于视觉障碍儿童获取视觉信息方面存在很大困难,在对视觉障碍儿童进行教育训练时应坚持多重感官并用的原则,从而使他们有可能得到更加丰富的刺激,也就有更多机会认识和了解周围的世界。这就要求充分发挥儿童的各种感官能力,尽量获得对事物的完整、清晰的认识,以补偿视觉缺陷,提高其认识事物的能力。

2. 表象指导法

儿童在视觉功能失去或下降后,面临的最大困难就是缺乏视觉表象,无法获得对事物形象的完整把握。对每一个事物的教学都应结合实物或模型,使儿童得到直接的印象,从不同的侧面理解该事物所具备的各种特征。特别是对后天失明的儿童,要争取将他头脑中残留的有关事物的形状、颜色、大小等特征保留下来,这对以后的学习非常有好处。通过加强对这些事物的记忆,他们在生活和学习中可以经常提取头脑中的形象,从而现固记忆。这样即使听觉或触觉不能完全代替视觉,也可以在一定程度上补偿其视觉缺陷。

3. 实践法

随着素质教育的实施,就更需要加强对视觉障碍儿童基本素质的培养。在教育中不仅要教给儿童一些基本的知识,同时也要培养儿童的生活自理能力、与人交往的能力,以及观察事物、分析事物的能力。因此,不能因为视觉障碍儿童行动不便而将他们限制在家中,而应该为他们提供大量的实践机会。学校和家庭都应给儿童提供大量的学习机会,这种学习应紧密地与日常生活联系在一起。首先要从熟悉生活环境开始,学习自我服务的技能。还要带儿童到大自然中去感受,增进知识的获得,使他们得到充分的放松和休息。要让儿童多与同龄儿童接触,在参与活动的过程中了解社会,这一切都是要靠实践来完成的。

第四节　视觉障碍儿童的保育

家庭和社区是视觉障碍儿童接受教育与生活的重要场所,仅依靠学校是不能完全满足视觉障碍儿童需要的,因此,视觉障碍儿童家庭与社区的教育至关重要。

一、家庭教育

(一)家庭的责任

家庭是同视觉障碍儿童的生活与学习密不可分的场所。父母是儿童最亲近的人,与儿童接触的时间较多,大部分视觉障碍儿童早期的训练都是父母所教会的,如听觉技能训练、基本的生活技能的训练等。父母可以通过各种形式的活动训练视觉障碍儿童,为其更好地学习和生活服务。

(二)家庭训练的原则

视觉障碍儿童家庭训练是烦琐而持久的,需要家长有足够的耐心与热情。家长切忌缺乏信心,进而造成视觉障碍儿童的自信心下降,妨碍学习适应生活的能力。在进行家庭训练时应遵循以下原则:

1. 安全性原则

保障视觉障碍儿童的安全是进行家庭训练的前提条件。由于视觉的缺陷,视觉障碍儿童对周围的环境与物体不能正确清楚地认知,需要家长介绍视觉障碍儿童活动的环境,并保证活动场所的安全性。如某一环境的地面、楼梯、桌角等都需要家长仔细考虑,确保视觉障碍儿童的安全。

2. 兴趣性原则

父母作为视觉障碍儿童的第一任教师，在对儿童进行训练时要讲究一定的训练原则。应选择在一个轻松愉快的氛围中进行，提高孩子的兴趣。因此，在训练时不要强迫孩子按照家长的意图训练，要提高儿童活动的自主性与兴趣，考虑儿童的情绪变化，使儿童在轻松、快乐的氛围中进行训练与学习。

3. 鼓励性原则

视觉障碍儿童与普通儿童相比，表现得敏感、脆弱、孤僻等。所以，在训练时，家长应多给予表扬、鼓励，帮助儿童建立自信心，促进其更好地独立生活与学习。

4. 灵活性原则

视觉障碍儿童的家庭教育与训练要采用灵活性原则。一方面，要合理安排儿童训练的内容；另一方面，要保证训练的灵活性。如在特殊的环境下，要灵活安排或调整儿童的训练内容，做到恰到好处。

(三)家庭训练的内容及方法

进行视觉训练最方便、最可行的途径是日常生活活动，家庭环境是视觉障碍儿童进行日常生活活动有效的场所，因此，几乎所有的家庭活动都可以和视觉功能训练相联系。家长按照一定的科学原理和方法在家庭活动中对孩子进行有针对性的指导，在培养孩子生活技能的同时提高他们的视觉功能是具有重要意义的。在这些活动中要求家长有足够的耐心，利用一切机会对孩子进行视觉训练，提高孩子的用眼能力，进而提高孩子的生活能力和认知能力。

1. 自我管理训练

与同龄普通儿童比较，视觉障碍儿童的自我管理能力较弱。有些儿童已达到上小学的年龄，但仍不具备基本的生活自理能力。表现为不会刷牙、穿衣服，个人卫生搞不好。其中有视觉障碍儿童视觉残疾的影响因素，但主要原因还是儿童未形成良好的自我管理能力。视觉障碍儿童的自我管理训练主要包括自我服务能力训练、自给自足能力训练等。

自我服务能力训练是视觉障碍儿童的一项基本而又必要的训练,此训练有利于儿童更好地进行自我服务。例如,教儿童学习刷牙,家长可以让儿童选择自己喜欢的牙缸,通过感知能够辨认。在训练刷牙这一生活技能过程中,最困难与重要的是把牙膏挤在牙刷上,家长应反复训练,这样儿童更容易做到。要注意使牙刷毛和牙膏的颜色有所区别。自给自足能力训练是视觉障碍儿童必须具备的一项生活技能。作为家长应培养儿童自己吃饭、喝水、穿脱衣服等能力。例如:应培养儿童穿衣服的技巧与策略,使视觉障碍儿童快速、整齐地穿好衣服。

视觉障碍儿童的自我管理能力训练内容很多,在对儿童进行自我管理训练的同时,也要考虑到儿童的自身能力与特点,使儿童在舒适、轻松的家庭环境中实现自我管理。

2. 认知事物能力训练

对视觉障碍儿童进行认知事物训练,有利于儿童更好地适应生活。儿童需要认知的事物包括内部事物与外部事物。内部事物主要有家庭中的家具、玩具、日常生活用品等。在日常生活中,利用身边触手可及的物品,随时对儿童进行视觉认知训练,增加儿童的视觉经验,逐渐使儿童通过物体的轮廓就能大概估计出物体的名称。外部事物主要有认识外部世界、认识周围环境等。在日常生活中家长可以带儿童走到户外感受外界事物。这样,一方面有利于儿童更好地认识周围的环境,另一方面也能促进家长与子女之间的沟通。

3. 文字训练

一些低视力儿童能够看汉字,甚至不用助视器也能看到常用字号的汉字。可是由于有些家长缺乏正确的认识,认为不利于用眼卫生,不主张儿童学习汉字,坚持让儿童学盲文。

但是,视觉障碍儿童学习常用汉字,可以提高儿童的生活质量。简单来讲,去超市购物,他们可以自己看价签,选择合适的商品;外出时,可以通过助视器,自己看站牌,选择自己的乘车路线;需要自己签名时,可以拿过笔来就签。总之,视觉障碍儿童学习常用汉字,在提高孩子的用眼能力的同时,能够使孩子更好地融入社会。

总之,视觉障碍儿童家庭训练的内容和方法,受儿童认知能力与身心发展水平的影响。在家庭中对儿童进行训练应有效地运用各种方法,因人而异,因材施教。

二、社区康复

社区康复是建立在社区与家庭基础上,为残疾人提供的康复服务。其特点是覆盖范围广、经济有效、方便快捷、简便易行,有利于调动家庭、社区的力量及残疾人的积极性,使残疾人从中受益,回归到社会。随着残疾人康复工作的开展,我国的社区康复取得了长足的发展。

视觉障碍儿童作为残疾群体的组成部分,其生存与发展受到全社会的广泛关注,社区康复工作的深入开展,为视觉障碍儿童更好的发展提供了有力的保证。

视觉障碍儿童的社区康复对视觉障碍儿童的成长与发展至关重要。在使视觉障碍儿童尽早地康复,充分发挥残存功能,像正常人那样生活和工作,最终回归社会方面,社区康复发挥了重要的作用。社区康复的作用主要表现为以下几方面:第一,促进视觉障碍儿童进行针对性的训练。社区可以根据每名视觉障碍儿童的个人需求爱好、潜在能力、残疾程度等采用不同的康复方法与措施。第二,促进家长有效地进行训练。针对视觉障碍儿童的功能障碍对其家长进行有计划、有目的的康复技能培训,使其能够了解和掌握一些基本实用的康复手段及方法,并能在家庭中为视觉障碍儿童进行有效的康复训练,从而治疗残疾或防止残疾的发展,让视觉障碍儿童在功能方面得到进一步的改善与优化。第三,促进预防与治疗工作的开展。社区康复工作有利于对早期视觉障碍儿童进行干预,将社区无法进行康复的视力残疾儿童向上级康复治疗中心进行转诊或转介,实现视觉障碍儿童的有效预防与治疗工作的开展。

综上所述,社区康复对视觉障碍儿童的成长与发展起到至关重要的作用,社区为视觉障碍儿童提供的教育康复环境,能促进视觉障碍儿童更好地康复。与此同时,社区康复也为视觉障碍儿童享有均等的教育机会并更好地融入社会奠定了基础。因此,我们应从视觉障碍儿童的需求出发,开展早期社区康复训练与指导。

思考与练习

1. 简述视觉障碍的分类及成因。
2. 简述视觉障碍儿童的发展特点。
3. 简述学前视觉障碍儿童的教育方法。
4. 结合实际谈一谈如何进行视觉障碍儿童的保育。

第三章 听觉障碍儿童的教育与保育

学习目标

1. 了解听觉障碍的定义、分类及成因。
2. 掌握听觉障碍儿童的评估内容与发展特点。
3. 掌握听觉障碍儿童的学习特点、教育内容和方法。
4. 了解听觉障碍儿童的保育。

听觉是人们感受外界刺激的重要通道之一。听力的损失导致听觉障碍儿童的认知、语言发展和社会交往等方面存在不同程度的障碍。由于听觉的缺失,其在教育、社会适应及职业适应等方面存在沟通障碍。只有了解他们在发展和学习方面的特征,才能有效地帮助其成长。

第一节 听觉障碍概述

一、听觉障碍的定义和分类

(一)听觉障碍的定义

听觉是大脑皮层对声音分析后所获得的感受,是由具有传导声音作用的传音器官和具有感受声音作用的感音器官协同完成的，这个系统中的任何部位发生结构或功能障碍均可导致不同程度的听觉障碍。

听觉障碍也称聋、重听、听力损伤或听力残疾。2006 年我国《第二次全国残疾人抽样调查残疾标准》中认为：听力残疾，是指人由于各种原因导致双耳不同程度的永久性听觉障碍，听不到或听不清周围环境声及言语声，以致影响日常生活和社会参与。

（二）听觉障碍的分类

根据不同的分类标准，听觉障碍可以分成以下不同种类。

1. 听觉障碍程度

儿童听觉障碍的程度主要从声音强度和声音频率两个角度进行判断。在日常生活中，常用来表示声音强度的单位是分贝（dB），人类所能听到的声音强度介于 0～130 分贝之间。正常人在零分贝时就能听见。当一个人听力受损伤时，分贝数字越大，表明听觉障碍的情况越严重。《第二次全国残疾人抽样调查残疾标准》中规定的听觉障碍分为四级。

（1）听力残疾一级：听觉系统的结构和功能方面极重度损伤，较好耳平均听力损失≥91 dBHL（分贝听力水平），在无助听设备帮助下，不能依靠听觉进行言语交流，在理解和交流等活动上极度受限，在参与社会生活方面存在极严重障碍。

（2）听力残疾二级：听觉系统的结构和功能重度损伤，较好耳平均听力损失在 81～90 dBHL 之间，在无助听设备帮助下，在理解和交流等活动上重度受限，在参与社会生活方面存在严重障碍。

（3）听力残疾三级：听觉系统的结构和功能中重度损伤，较好耳平均听力损失在 61～80 dBHL 之间，在无助听设备帮助下，在理解和交流等活动上中度受限，在参与社会生活方面存在中度障碍。

（4）听力残疾四级：听觉系统的结构和功能中度损伤，较好耳平均听力损失在 41～60 dBHL 之间，在无助听设备帮助下，在理解和交流等活动上轻度受限，在参与社会生活方面存在轻度障碍。

2. 听觉障碍的部位

按照听觉受损的部位不同，可以将听觉障碍分为传音性听觉障碍、感音性听觉障碍和混合性听觉障碍三大类。

(1)传音性听觉障碍，即传导性听觉障碍。听力损失主要发生在外耳和中耳部分。外耳和中耳的损伤会减弱声音传导至内耳的强度。该类障碍很少造成高于60~70 dBHL的听力损失，可以通过放大声音、医学治疗或手术等手段减轻听力损失。

(2)感音性听觉障碍，即感觉神经性听觉障碍，是耳蜗、听神经和听中枢的病变而导致的听力损失。根据病变部位又可分为感觉性听觉障碍和神经性听觉障碍。感觉性听觉障碍，是由耳蜗病变引起的，所以也叫作耳蜗性听觉障碍。神经性听觉障碍，其病变发生在耳后的神经部位，因此又叫作耳后性听觉障碍。该类障碍主要是由于耳蜗的听觉毛细胞或听神经受损。

(3)混合性听觉障碍，则是外耳、中耳、内耳、听神经及听中枢都有问题所致，即同时患有传音性和感音性听觉障碍。

3. 听觉障碍发生时间

按照听觉障碍发生的时间，可以将其分为先天性听觉障碍和后天性听觉障碍。先天性听觉障碍指在出生时即获得的听力损伤疾病，可发生在产前期、产期以及围产期。后天性听觉障碍指出生以后获得的听力损伤疾病。其常见因素主要包括感染性疾病、中毒性疾病和外伤性疾病等。

教育学观点认为，听觉障碍发生的年龄，即听觉障碍发生在语言发展之前还是之后会直接影响儿童语言能力发展的程度。一般而言，听觉障碍发生时间越早，儿童语言发展的障碍就越大。听觉障碍儿童教育工作者经常使用“学语前听觉障碍”“学语后听觉障碍”这样的概念。学语前听觉障碍是指儿童在出生后至4岁前发生的听觉障碍，换句话说，是在儿童学会说话之前就出现的听觉障碍。学语后听觉障碍主要是指儿童在大约4岁后发生的听觉障碍，即在自然学会说话之后的听觉障碍。

4. 听觉障碍的性质

根据听觉障碍的性质，可以把听觉障碍分为器质性听觉障碍和功能性听觉障碍。

(1)器质性听觉障碍是指听觉系统的组织结构异常所导致的听觉障碍，这种情况下，听觉系统中的某些器官不能接收声波的刺激或者不能传导声波引起的神经冲动。无论是传音性听觉障碍、感音性听觉障碍还是混合性听觉障碍，它们都具有器质性病变，因此都属于器质性听觉障碍的一种。

(2)功能性听觉障碍是指由心理因素和精神因素造成的听觉系统效能下降。个体对声波有感知，但不够敏感，区分不够精确，容易把一些声音听成另一些声音，这种问题可以通过加大音量来避免。

5.听觉障碍的遗传

按照遗传与否，可将听觉障碍分为遗传性听觉障碍和非遗传性听觉障碍。

(1)遗传性听觉障碍是基因或染色体异常所致，一般是父母的遗传物质发生改变而引起的。遗传性听觉障碍可能于出生前发生，也可能于出生后发生。前者被称为先天性遗传性听觉障碍，后者被称为遗传性进行性听觉障碍。

(2)非遗传性听觉障碍是指除基因外的其他因素所导致的听觉障碍。

二、听觉障碍的成因

(一)遗传

遗传因素是导致听觉障碍的重要因素。载有听觉遗传信息的基因通过一定方式传给后代，造成先天性遗传性听觉障碍。据统计，一半以上传音性听觉障碍是由基因异常引起的，绝大多数的遗传性听觉障碍来自于隐性基因。

(二)耳部发炎

儿童特别是婴幼儿容易出现耳部发炎的情况，急性耳炎救治不当或不及时很有可能转化成慢性耳炎。耳炎不仅使儿童发热、疼痛，严重的情况下还会导致听力永久性损失。

(三)异物堵塞声音传播渠道

耵聍、昆虫等异物堵塞在外耳道会影响声波传递到中耳和内耳，从而暂时性影响听力。

(四)母亲身体状况

母亲本身特别是怀孕期间营养不良会导致胎儿早产或出生时体重过轻，这样的新生儿出现听觉障碍的几率比较高。孕妇营养不均衡,缺乏某些物质,特别是缺碘也会导致胎儿出现听力损伤。另外怀孕期间患某些疾病,如风疹、结核、梅毒、巨细胞病毒感染等都会导致胎儿出现听力问题。在生产过程中如果出现难产、胎儿窒息、产钳外伤等情况也可能致聋。

(五)幼儿疾病

儿童患某些疾病如果救治不及时也会导致听力损失,这些疾病包括疟疾、麻疹、黄疸、腮腺炎、脑膜炎等。

(六)药物使用不当

药物使用不当会对听觉神经产生严重伤害。强效抗生素,如链霉素、庆大霉素等药物,无论是孕妇使用还是儿童使用都可能伤害到儿童的听觉神经,因此要尽量避免过多使用抗生素。

此外,外伤、噪声等因素也是儿童听觉障碍的重要原因。

第二节　听觉障碍儿童的评估与发展

一、听觉障碍儿童的评估

听觉障碍儿童的评估主要包括听力检查、听觉言语评估和学习能力评估等方面。

(一)听力检查

听力检查的方法可分为主观检测法和客观检测法两大类。儿童常用的主观检测方法有纯音听阈测试、婴幼儿行为测听及言语测听等。客观检测法有声导抗测试、耳声发射检查、听觉脑干诱发电位测试及听觉稳态反应等。听力检查时应根据对象的特征选择合适的检测方法。对听觉障碍儿童而言,可考虑根据不同的年龄,选择适当的行为测听方法,如行为观察测听(6 个月以内)、视觉强化测听(6 个月~3 岁)、游戏测听(3~6 岁)、纯音听阈测听(6 岁以上)。

(二)听觉言语评估

在得到听力检查及临床医学干预之后,听觉障碍儿童需要接受有针对性的听觉言语康复训练,才能发展出较好的口语交流能力。在康复过程中,听觉言语评估是一个非常重要的环节。

在我国,《听力障碍儿童听觉、语言能力评估标准及方法》是一套针对听觉能力和语言能力评估的标准化工具,它作为听觉障碍儿童听觉言语康复评估方案被推广使用,为听觉障碍儿童早期干预策略的制订提供依据,并对其听觉言语康复训练具有重要的指导作用。它分为听觉能力评估和语言能力评估两个部分。

1. 听觉能力评估

听觉能力评估词表以汉语言语测听词表的编制规则为基础,同时考虑了儿童的发音及言语特点,尤其重点考虑了听觉障碍儿童对言语听觉理解的特点及其助听器验配或人工耳蜗植入后康复效果评估的需要,以文、图、声为主要表现形式,编制了自然环境声响识别、数字识别、韵母识别、声母识别等多项内容,从语音、声调、连续语言的识别及环境噪声中的言语识别等不同视角评估儿童的听觉能力。

2. 语言能力评估

语言能力评估词表的编制是将 1 ~ 4 岁普通儿童的实际年龄作为语言年龄,以其在语言发育方面的阶段性特征的指标作为分级依据,以文、图、声为主要表现形式,编制了听话识图、模仿句长、看图说话等六项,从语言的理解能力、语法能力、表达能力、使用能力等方面评估儿童的语言能力。

(三)学习能力评估

学习能力是人们顺利完成学习活动所必需的个性心理特征。它是学习过程中各种具体能力的综合概括,如观察力、记忆力、思维力、操作力等。对于听觉障碍儿童来说,听说能力滞后,易造成其智力水平比普通儿童落后,学习效率也低于普通儿童。

为了让听觉障碍儿童得到全面康复与合适的教育干预,需要运用一定的测试工具来评估其学习能力，也为开发听觉障碍儿童的智力潜能、发展其语言提供依据。常用的听觉障碍儿童学习能力评估工具是希－内学习能力测验。该测验注重测量听觉障碍儿童的手眼协调、视觉记忆、辨认、联想、空间推理、细节分析等方面的能力。其测试结果不仅可以帮助判断听觉障碍儿童的学习能力，分析其学习能力结构，还可以指导教师和家长制订科学的个别化康复训练计划。

随着社会的发展和计算机技术的不断革新，听觉障碍儿童的评估方法也日新月异。听觉障碍儿童的康复评估经历了由主观评估向客观评估、单一评估向多元评估、静态评估向动态评估转变的过程。在听觉障碍儿童的评估中，需要根据情况选用合适的、客观的、动态的指标和方法。

二、听觉障碍儿童的发展

（一）认知发展

1. 感知觉发展

听觉障碍儿童由于听知觉受限，他们在感知事物的时候所表现出来的最鲜明的特点是知觉信息加工不完整。当面对复杂的事物和环境时，缺乏听觉信息加工，会导致对事物认识不全面。

听觉障碍儿童视觉的优势地位明显，即通常提到的以目代耳。有研究表明，听觉障碍儿童辨别细小物体或远处物体的技能高于听力健全的同龄幼儿。此外，听觉障碍儿童也借助触觉和动觉等感官来认识世界，如在语言训练的时候，听觉障碍儿童往往通过视觉观察老师发音时口形和舌位的变化，利用触觉和动觉感知发音时是否送气，声带是否振动。

2. 注意的发展

与普通儿童一样，听觉障碍儿童的注意是由无意注意逐步发展到有意注意的。但由于听觉障碍、语言发展迟缓，听觉障碍儿童的无意注意和有意注意形成和发展都比较缓慢。3～6 岁听觉障碍儿童注意的主要特点是无意注意占优势。值得注意的是，声音刺激一般不易引起听觉障碍儿童的注意，来自视觉、触觉、振动觉的刺激容易使他们产生和保持注意，所以听觉障碍儿童的教师应注意不能像对普通儿童一样，可以背对着儿童一边板书一边讲解，一定要有先有后，不能同时进行。此外，面对听觉障碍儿童说话时，应注意语速、位置、光线条件等影响儿童的视觉注意的因素。

3. 记忆的发展

与普通儿童一样，听觉障碍儿童的记忆是由无意记忆逐步发展到有意记忆的。但由于听觉能力受限，有意记忆发展较普通儿童慢。学前期，听力障碍儿童无意记忆占优势，提升他们的有意记忆，需要创设有趣的游戏以增强儿童的兴趣，通过奖励的方式促使儿童积极参加活动，以及调动多种感官的参与来提升记忆的效果。此外，听觉障碍儿童的头脑中留下的视觉、触觉、运动觉表象比听觉多，因此他们对形象的东西记得比较快，保持得也比较好，也容易回忆出来，相反，对语言材料记忆的总体效果较差。

4. 思维的发展

与普通儿童一样，听觉障碍儿童的思维发展有动作思维、形象思维和抽象思维的发展。但听觉障碍与语言滞后会影响到他们思维的发展。最大的特点体现在他们的思维水平比较长时间地停留在直观形象思维阶段。首先，能够掌握具体的事物的概念，但不易掌握抽象的概念。其次，分类事物的时候不会按照事物的本质特征，而是更多地依赖感知的特点、生活情景或物体的功用来分类。此外，听觉障碍儿童存在概念的扩大化和缩小化。同时也有研究表明，听觉障碍儿童思维发展最终达到的水平比较低，能进入形式运算阶段的几乎为零。

（二）语言发展方面

听觉障碍对于儿童最直接的影响在于语言能力的发展，而影响的情况又与听觉障碍的程度及障碍发生的时间密切关联。听觉障碍儿童和普通儿童一样会进入学语期，但听觉障碍使其缺乏听觉反馈和语言增强，造成其喃语期独特的语言模式。因此，学语后听觉障碍儿童的语言能力优于学语前听觉障碍儿童，即听觉障碍发生的时间越早，听觉障碍儿童在语言上的缺陷就越大。

从口语方面来看，听觉障碍儿童在构音、音质及语调方面常常出现问题。

从书面语方面来看，听觉障碍儿童在口语习得能力欠缺基础上学习书面语有很多困难，他们的语言能力较同龄普通儿童落后，并且有措辞不当、语序颠倒、错别字、漏字等现象。

此外，手语同样能帮助听觉障碍儿童提高学习语言的能力。

(三)社会交往方面

听觉障碍儿童在社会交往方面发展迟缓。一方面，由于语言缺陷，他们倾向于与同类儿童交往，使用自己的语言、表情、动作等交流系统，以此获得认同感及相互理解，很少与普通同龄伙伴一起玩耍；另一方面，为了免于别人的歧视，家长很少带听觉障碍儿童去公共场所或参加集体活动，家长的过度保护使他们的社会交往更少，这样不仅限制了听觉障碍儿童的交往范围，而且导致他们社会常识贫乏，缺少社会经验，社会适应性差，从而束缚了他们社会性的发展。

第三节　听觉障碍儿童的学习与教育

一、听觉障碍儿童的学习

由于听力的缺陷，相比于普通儿童，听觉障碍儿童在学习上存在很多困难，主要表现为以下几点：

第一，听觉障碍儿童接收信息的方式以视觉为主。听觉障碍儿童的听力存在一定的缺陷，他们在学习的过程中主要依靠视觉来接收学习的信息，他们主要通过看话(唇读)和手语的方式进行学习。

第二，听觉障碍儿童学习的主动性不高。很多听觉障碍儿童学习的主动性不高，具体表现为：在没有教师或家长敦促的情况下，他们一般很难进行自主学习；即使是在教师或家长的敦促下，他们的学习态度也比较被动。

第三，听觉障碍儿童的学业成就感不高。听觉障碍儿童的学习效果要落后于普通儿童，整体学业水平较低。另外，听觉障碍儿童中学习成绩好的数量并不多。

二、听觉障碍儿童的教育

（一）听觉障碍儿童的训练策略

1. 听觉训练策略

听觉障碍儿童听觉训练的目的是最大限度地开发残余听力，尽量减少听力缺损给儿童带来的不良影响，养成使用听觉的习惯，培养儿童感受、辨别、确认和理解声音的能力。在学习过程中，要了解助听器等助听设备和技术的使用效果，尽量使助听设备调试到最适状态。在听觉训练中，可充分利用生动活泼的游戏和情景，结合儿歌、视频、图片等资源促进听觉障碍儿童对声音的理解。常用的听觉训练的方法有：声物配对法、声音辨别法、听动协调法。

2. 语言训练策略

听觉障碍儿童言语方面的问题多为功能性的问题，其语言训练的实质即为帮助他们掌握发音要领。听觉障碍儿童语言的学习和训练可以从语音、理解和表达三方面着手。在语音的训练中，可以结合呼吸训练、构音器官训练等促进听觉障碍儿童呼吸和构音器官的灵活性。在理解和表达训练中，教师应遵循小步子、循序渐进、生活化、功能性的原则，采取系统的词句训练、师幼互动和同伴互动的游戏形式，帮助听觉障碍儿童建立基本的词语库、句子库，使听觉障碍儿童形成通过口语进行沟通和交流的能力。

（二）听觉障碍儿童教育内容和方法

0~5岁作为儿童各个方面发展最快的时期，需要教育者将听觉能力和言语能力两大方面的教育内容及具体的训练方法纳入这个时期的早期教育计划中，以期最大限度地开发听觉障碍儿童的残余听力或重建听觉功能，同时使其听觉能力和言语能力接近或达到正常发展水平。

1. 听觉能力训练

听觉能力训练是指充分利用听觉障碍儿童的残余听力和助听设备，通过专门而系统的训练,提高听觉障碍儿童的听觉能力。

听觉能力训练的方法包括:

(1)声物配对法。这是最基本的听觉训练的方法,适用于听觉训练的最初阶段。训练时把发声的物体和它们的声音同时呈现给儿童,帮助其建立条件反射,如果没有实物,可以用图片或者录像代替。

(2)声音辨别法。声音辨别法指让儿童在听到某种声音之后辨别是什么物体发出这种声音,或呈现个体在嘈杂的街道上说话的声音,让儿童辨别出个体的讲话内容。声音辨别法实际上是声物配对法的逆向,是一种对记忆、理解的检验方法,能够巩固听觉训练的效果。

(3)听动协调法。听动协调法是一种巩固声物配对效果的方法。让孩子在听到有关的声音时,根据发出声音的物体或动物做出相应的动作反应;或当儿童听到声音或语言时,要其进行复述。

这三种方法是最基本的听觉训练方法,在实际操作过程中,则是将多种方法相结合,充分调动儿童的视觉、触觉、听觉等多感官通道。

2. 言语能力训练

言语能力训练,也称作说话训练。主要训练听觉障碍儿童理解和运用语言的能力,尤其是听懂语言并开口说话的能力。

言语能力训练的方法包括:

(1)音物结合法。这是把某种事物呈现在儿童面前,让儿童通过看、摸等手段,在充分感知的基础上,告诉儿童这一物品的读音,让儿童模仿口形进行发音。

(2)音图结合法。就是把不易得到的实物用图形、图片等代替来进行训练。

(3)词汇卡片法。在儿童有了相当的生活经验后,可以把需要训练的词汇制成卡片,以卡片为第一信号物,教儿童发音。

(4)句子卡片法。把要学说的句子制作成卡片,教儿童发音。

以上只是一些最基本的方法。需要强调的是,言语能力训练应该与听觉能力训练结合起来,并且采用多种训练的方法来进行。

第四节　听觉障碍儿童的保育

一、听觉障碍儿童家庭康复训练的重要性

第一,家庭对每个人而言都是非常重要的,同样,它对听觉障碍儿童听觉能力和言语康复训练有着至关重要的作用。这是因为家庭是听觉障碍儿童生存和发展的第一环境,家庭对他们而言是最安全、最熟悉的环境。在这样的环境里听觉障碍儿童感受到的是轻松、自由与被保护;此外,家中的人、事、物不仅是听觉障碍儿童最熟悉的,同时也往往是生活中最普遍、最常见的,这些内容常常是最适合进行康复训练的内容。

第二,听觉障碍儿童在听觉能力和言语康复训练中心接受训练的时间是有限的,其语言发展关键期的绝大部分时间是在家中度过的,如不进行家庭康复训练,听觉障碍儿童在家中的这些时间就被白白地浪费了。儿童语言发展的关键期是非常短暂的,若想取得良好的康复效果就必须进行家庭康复训练。

第三,听觉障碍儿童从成为社会上独立的人开始,最先接触的人就是家长。婴儿刚一出生就能听到声音,如果是听力正常的儿童,只要给他声音刺激,他就会做出反应。因此,只要家长了解一定的儿童生长发育的知识,掌握一些简易的听力测试方法,大部分儿童听觉障碍是可以在家庭中被早期发现的。事实证明,绝大多数的婴幼儿听觉障碍都是由家长发现的,这就为早期配戴助听设备和早期进行康复训练提供了一个最基础的前提。家长期盼听觉障碍儿童能够回归主流社会的心情是最迫切的,对待儿童的康复也是最有耐心的。

第四,要改变家长对听觉障碍儿童康复训练一些错误的观点和看法。有些家长认为只要给听觉障碍儿童配戴了助听设备,并送到康复机构进行语言训练就完成了任务,他们把所有的希望都寄托在康复机构和康复教师的身上,而忽视了自己也需要付出艰辛和努力。因此,在对听觉障碍儿童进行康复训练的同时,要告诉家长,他们才是听觉障碍儿童最好的康复教师。

二、听觉障碍儿童家庭康复训练的方法

多数家长在发现儿童患有听觉障碍的时候，内心都是一片慌乱和茫然，即便知道对听觉障碍儿童实施康复教育是最有效的、最可行的、唯一的方法，也不知从何处着手。因此，要教给家长一些必要的、可行的、有效的康复方法和正音手段。

首先，要教会家长做舌操、呼吸训练和声气结合的训练。这是为了让家长帮助听觉障碍儿童更好地、不间断地灵活运用他们的发音器官，使声和气能够更好地结合，减少听觉障碍儿童在语言形成的过程中出现的难以纠正的错误。在康复训练中最基本的方法就是模仿法，模仿法就是让听觉障碍儿童简单地模仿发音。此外，触摸法也是一个比较有效的语训方法，当家长在教听觉障碍儿童发音的时候，让听觉障碍儿童分别将手放在发音者的喉部、胸部或是腹部，让听觉障碍儿童感受在发音时各部位的振动和变化。

其次，家长要利用一切可以利用的场景进行语言康复训练。比如在吃饭时，家长可以让听觉障碍儿童做些饭前准备工作，而多数儿童都是愿意帮大人做这类事情的，家长就可以抓住这个机会教他说话。再如，当听觉障碍儿童准备睡觉的时候，家长可以反复地使用一些想让儿童学会的表达方式和生词。还可以利用这个机会给儿童灌输一些他们感兴趣的语言。入睡前这段时间是最安静的，正是家长和儿童分享美好感情的最好时机，这样，可以使家长和儿童之间的感情更加亲密。

除了前面列举的两个情境外，家庭中还有很多情境可以进行语言康复训练，如散步时、做游戏时、洗衣服时，刷牙、洗脸时等。家长与儿童相处的时间最长，关系也最密切，因此，家长可以利用一切可能的时间、场景和方式，不失时机地对听觉障碍儿童实施康复训练。

思考与练习

1. 简述听觉障碍的分类及成因。

2. 简述听觉障碍儿童的发展特点。

3. 简述听觉障碍儿童的教育内容和方法。

4. 结合实际谈一谈如何进行听觉障碍儿童的保育。

第四章 肢体障碍儿童的教育与保育

学习目标

1. 了解肢体障碍的定义、分类及成因。
2. 了解肢体障碍儿童的评估,掌握肢体障碍儿童的发展特点。
3. 掌握肢体障碍儿童的教育内容与教育方法。
4. 了解肢体障碍儿童的保育。

身体活动对于儿童的早期发展至关重要。儿童的学习就是建立在活动这一基础上的,肢体障碍会妨碍儿童的各种探索和活动,以及影响他们寻找玩具或其他玩伴,进而可能会阻碍儿童整个成长阶段的发展。因此,适当的辅助和支持、恰当的早期干预将对肢体障碍儿童未来的发展起到重要作用。

第一节 肢体障碍概述

一、肢体障碍的定义及分类

(一)肢体障碍的定义

2011 年《残疾人残疾分类和分级》规定:肢体残疾是指人体运动系统的结

构、功能损伤造成的四肢残缺或四肢、躯干麻痹（瘫痪）、畸形等导致人体运动功能不同程度丧失以及活动受限或参与的局限。

肢体残疾主要包括：上肢或下肢因伤、病或发育异常所致的缺失、畸形或功能障碍；脊柱因伤、病或发育异常所致的畸形或功能障碍；中枢、周围神经因伤、病或发育异常造成躯干或四肢的功能障碍。

（二）肢体障碍儿童的分类

按照病源学的分类，肢体障碍儿童常指患有以下疾病的儿童：截肢、关节炎、脑瘫、脊柱裂、肌肉营养不良、脊柱侧凸和成骨不全。

二、肢体障碍的成因

肢体障碍分为原发性障碍和继发性障碍。原发性障碍指直接由某种疾病或情况引起的障碍，继发性障碍指由与疾病相关的病情间接引起的障碍，如关节挛缩等。总的来看，导致肢体障碍的主要因素有以下几类。

（一）生物因素

1. 微生物。如脊髓灰质炎病毒可导致小儿麻痹症，从而造成肢体障碍。

2. 遗传。遗传缺陷，可致先天畸形、精神发育迟滞等，近亲结婚也可导致残疾儿童出生的可能性增大。

（二）化学因素

1. 药物滥用。药物滥用是疾病和残疾的主要原因之一。

2. 环境污染。随着各国工业生产的增加，环境污染对人类健康的危害已经成为全球瞩目的问题，世界上有名的环境污染事件都会使成千上万的人致病或致残。

（三）物理因素

比如核辐射可致胎儿畸形等。

（四）医疗性因素

粗暴接生、滥用药物和注射部位错误，常常导致残疾的发生。如坐骨神经损伤等。

（五）社会经济因素

1. 文化教育与风俗。在教育欠发达地区，存在不良的卫生习惯和风俗，而这些习惯和风俗往往是致病甚至致残的根源所在。

2. 经济状况。贫困地区卫生条件差，卫生和康复服务设施缺少，容易在原发性疾病基础上引起继发性残疾。

（六）心理行为因素

长期的不良心理状态和行为方式，可导致疾病的发生，进而导致肢体障碍的发生。

第二节　肢体障碍儿童的评估与发展

一、肢体障碍儿童的评估

（一）评估流程

1. 转介

一般由家长转介个案到医院门诊。根据家长或其他有关人员的观察结果，将疑似有缺陷的儿童送往专门的诊断机构（通常是专科医院门诊），请求进一步的鉴定和诊断。

2. 筛选

由专科医师或专门的诊断人员进行。在筛选阶段不能正式确认是脑瘫还是其他因素导致的肢体障碍,那么筛选的结论只能确认该个案是否存在肢体障碍,在正式判断前还须做进一步的检查。

3. 临床评估

该评估通常包括神经系统检查,通过检查了解神经系统的功能与结构,神经系统的检查包括CT检查、脑电图检查等。还包括康复医学科检查,此项检查涉及与肢体障碍儿童接受康复训练和教育有关的各项因素,包括肌力、关节活动度、感觉功能、日常生活活动能力等。通过综合评定,有关机构才能够决定该个案是否有肢体障碍以及肢体障碍的等级和类别。

4. 专业团队评估

专业团队由心理师、语言治疗师、社会工作者、职能治疗师、物理治疗师等人员组成。诊断出肢体障碍后,特殊教育工作者或治疗师还要进一步使用一些儿童身心发展量表来进行心理和教育方面的检查,重点检查影响肢体障碍儿童的行为表现与学习的各种要素,包括动作发展、知觉功能、智力、情绪及社会适应能力等。评估儿童身心各方面发展的实际状况,以便提供一个合适而有效的个别化教育方案。

5. 决策

由教师、学校领导、家长、心理学工作者、社会工作者和其他有关人员参加的决策会议,确认评估的准确性、公正性,解释和分析评估的结果,评估肢体障碍儿童的特殊需要,做出教育安置决定,并制订出具体的教育和训练方案。

(二)评估项目与内容

肢体障碍儿童的评估项目与内容见表4-1。

表4-1 肢体障碍儿童评估项目与内容

评估项目	评估内容
生理	包括身高、体重、心肺功能、营养状况以及眼科和耳鼻喉科的常规检查及针对肢体障碍儿童骨骼与肌肉的结构和外形的专项检查

续表

评估项目	评估内容
行动及操作能力	(1)儿童的基本行动能力,包括会走或不会走、是否乘坐轮椅、是否使用辅具、有无助行器 (2)儿童的基本操作能力,包括是否具有自己吃饭、穿衣物、大小便、洗澡等日常生活能力
智力	肢体障碍儿童,尤其是脑瘫儿童可以进行以下测验: (1)画人测验 (2)儿童智力筛查测验 (3)韦氏学前儿童智力测验(WPPSI) (4)学前儿童50项智能筛查测验 (5)中国比内测验(BS) (6)韦氏儿童智力测验(WISC-R) (7)托尼非语文智力测验(TONI-2) (8)瑞文标准推理测验
语言能力	儿童语言发展程度,是否有语言障碍 口语能力包括接受、表达、模仿、会话等四个部分 方法: (1)标准化语言测验 (2)自编语言测验 (3)进行系统观察,观察人员可以在不同情境下观察儿童,获得有关各种不同情境的所有沟通行为的资料 (4)与儿童面谈,搜集语言样本
发展能力与社会适应行为能力	(1)丹佛发育筛查测验 (2)学龄前儿童行为发展量表 (3)婴儿—初中生社会生活能力量表 (4)儿童社会适应行为评定量表 (5)儿童适应行为量表
家长访谈及行为观察	了解家庭的基本情况;收集儿童的基本数据,了解儿童的出生和生长发育史;了解家长能配合学校的程度;给家长提出一些建议

在上述评估中，儿童的训练与教育者需了解各项检查结果与报告的含义，并能将其应用到实际的工作中去。同时，这些评估项目并非肢体障碍儿童所要进行的全部评估内容，如有需要，还可为肢体障碍儿童增加情绪行为评估、人格评估、性向评估、课程本位评估、档案评估及功能性评估等项目。评估项目因需要而定。

二、肢体障碍儿童的发展

（一）生理发展特点

肢体障碍影响最明显的是运动功能的发育。肢体障碍儿童由于自身运动功能受到影响，其身体姿势难以保持，他们无法协调地翻滚、起坐、行走，有的甚至无法采用正确的方式进食。同时运动功能的发育还直接与肌肉的发育，尤其是与中枢神经系统的发育有密切的关系，而运动功能的发育反过来又影响大脑的发育过程。肢体障碍儿童由于运动能力的发展受阻，其中枢神经系统和大脑的发育也会受到影响。

感觉和运动不能正常发育使肢体障碍儿童的日常功能性活动毫无保障，从而使整个发育延迟。此外，肢体障碍儿童一般体质较弱，多数患儿由于长期患病，家庭环境欠佳，加上儿童心理负担等诸因素均可导致儿童生长发育水平较低。

（二）心理和社会性发展的一般规律

不同年龄阶段的肢体障碍儿童，其心理发展表现出不同的特点。

1. 婴儿期

婴儿期是婴儿与父母建立信任的时期。肢体障碍儿童一生下来就可能被发现“不正常”，父母会感到异常焦虑，甚至恐惧，这将对亲子关系的建立产生消极影响，导致父母对儿童的情感投入不足，缺乏足够的关心和爱护。类似的种种因素使得儿童产生对父母的不信任感，这种早期建立的不信任感会影响儿童未来与他人的相处和对他人的信任。

2. 幼儿期

1~2岁的幼儿开始显露独立意识,但肢体障碍儿童由于可能存在运动功能障碍和生活自理等问题,其独立能力的发展受到影响,因此无法完成一些有助于建立自信的简单活动,如进食、爬楼梯等。他们可能会表现出抑郁和攻击行为,他们还会产生被遗弃的感觉。

3. 学龄前期

学龄前期的儿童更加关心周围的事物,表现出强烈的参与外部活动的意愿。但肢体障碍会干扰儿童正常发育的连续性,并使他们趋向独立的愿望受到打击。

由于肢体障碍,他们往往受到父母和他人的特殊对待,甚至吃饭、穿衣、上厕所这些基本的活动都要在别人的帮助下才能完成。因此,他们无法像普通儿童那样度过这一时期,而在心理和行为上仍表现得比实际年龄要小。同时,因患病和治疗而进入陌生的环境中、与家人分离等诸多情形都会让儿童感到紧张,产生焦虑情绪,加上缺乏玩耍和娱乐活动也会使儿童的性格发生某些改变。

4. 学龄期

学龄期的儿童开始注意自身的能力和与同伴的关系。有上进心是学龄期儿童的特征,他们不希望自己在学习和运动技能上比别人差。但对于肢体障碍儿童来说,他们却可能因身体外形不正常,或运动技能较差而遭到同伴的嘲笑,加上与外界接触的机会少,在与他人交往时表现出胆怯、害羞。

另外,肢体障碍儿童往往为了弥补自己在身体方面的不足而特别用功学习,其中一部分儿童通过调整能很好地适应现实,经过刻苦努力学习,取得比普通儿童还要好的成绩。然而,不幸的是,大多数肢体障碍儿童或长期因病不能上学,或伴有智力低下或视、听觉等其他障碍而使学习成绩低于同龄儿童的一般水平。经常缺课与心理上的不平衡,也使肢体障碍儿童感到自卑,害怕上学,宁愿待在他认为较安全的家里,从而使得这部分儿童难以重返学校,重新加入社会生活。

肢体障碍和缺乏适应社会的技能使肢体障碍儿童必须接受父母给予的照顾,甚至向父母索求照顾,久而久之他们将进一步失去独立能力乃至独立意识而时时处处依赖他人。

（三）认知发展的特点

1.感知觉

肢体障碍儿童由于身体缺陷，他们的感知觉和运动能力存在一定的障碍。很多肢体障碍儿童遗留有感知觉障碍，包括视觉、听觉、触觉、位置觉等障碍。这会使他们对外界刺激的感知能力下降甚至缺失，但同时，因为肢体障碍儿童经常会伴随身体疼痛，所以他们的痛觉感受能力要高于普通人。

2.注意力

肢体障碍程度较轻的儿童，他们的注意力相对较好；而那些肢体障碍程度较重，经常会伴随身体疼痛和其他疾病的儿童，他们的注意力不能集中，难以专注从事某项活动，习惯于随兴而动。

3.语言

大多数肢体障碍儿童，尤其是在学语后因后天的因素致残儿童，他们的语言发展与普通儿童并无太大差异。但有的肢体障碍儿童如脑瘫儿童，他们的语言发展缓慢，经常会伴随无法控制的自言自语。

4.思维

思维的发展依赖于语言、表象或动作的发展。大多数肢体障碍儿童长期因病不能上学，或伴有智力低下或视、听觉障碍等问题，使他们的语言发展缓慢。此外，他们行动困难，表象和动作发展也落后于普通儿童，这也使得他们的思维发展缓慢，形象思维多于抽象思维。

（四）人格发展的特点

肢体障碍儿童是一群心理极易受到伤害的儿童。他们或由于疾病的反复发作，或由于肢体的残缺而遭受诸多不幸，如疼痛、运动能力低下、体型与众不同。在缺乏正常的生活经历、害怕疾病发作、害怕死亡、家庭氛围紧张、社会环境不适应等多种因素作用下，肢体障碍儿童更易产生心理和社会适应方面的问题。比较常见的问题有动机不强、缺乏自尊心和自信心，情绪经常处于抑郁、紧张和焦虑的状态，同时他们比较自卑、个性孤僻。

有资料表明，肢体障碍儿童人格的形成与儿童年龄、性别、家庭经济条件、障碍程度并不绝对相关，而与社会环境因素有直接关系。同龄人对肢体障碍者的态度是构成社会环境的关键。因此，肢体障碍儿童怎样适应自身的障碍，怎样对人际交往的各种情况做出反应，很大程度上取决于他们的父母、兄弟姐妹、教师、同伴乃至社会对他们的态度。

第三节　肢体障碍儿童的学习与教育

一、肢体障碍儿童的学习

除一些因中枢神经系统损伤而引起的肢体障碍（如脑瘫）会并发智力和感官缺陷以外，大多数肢体障碍儿童的智力状况和听觉、视觉等感觉功能是正常的。一般来说，肢体障碍儿童的学习特点与普通儿童没有多大差异，但是有的肢体障碍儿童，其障碍的严重性使他们无法交流、活动或玩耍。为了弥补这些缺陷带来的不利影响，肢体障碍儿童的某些课程内容异于普通儿童，例如，肢体障碍儿童需要学习自理能力课程、功能训练课程等。

二、肢体障碍儿童的教育

对肢体障碍儿童进行教育的目的主要体现在以下几个方面：使肢体障碍儿童能够充分发挥其潜能；确保肢体障碍儿童在生理、心理和社会等方面的需求尽可能得到满足；使肢体障碍儿童尽可能全面地参加家庭、学校和社会活动。

（一）教育内容

1. 自理能力

对于肢体障碍儿童来说，生活自理能力是非常重要的。自理能力包括饮食、如厕、穿衣、洗澡等的能力。训练肢体障碍儿童基本实现生活自理对他们今后的生活、学习和工作至关重要。

2. 安全知识

让肢体障碍儿童懂得日常生活环境中有哪些不安全的因素,如:过街时要注意车流,注意交通信号;上下楼梯时要小心;在冰天雪地里行走时要注意别滑倒。另外,要教育他们安全地使用一些设施,如电闸开关、煤气开关等,通过安全教育,增加他们的自我保护能力,防止意外伤害。

3. 功能训练

功能训练课对于肢体障碍儿童也很重要,通过功能训练课程,肢体障碍儿童能够更加自如地控制自己的身体,同时能够不断促进身体感知觉的发展,为他们的其他活动打下基础。

(二)教育方法

肢体障碍儿童的教育方法并没有特殊之处,但是,就肢体障碍儿童的教育方法而言,下列事项是必须注意的。

1. 功能代偿和功能重建

对于许多后天肢体障碍儿童来说,顺利度过适应期之后,最重要的任务就是身体功能的代偿。这是肢体障碍儿童的生活所必需的。失去的肢体无法再生,肢体障碍儿童要适应丰富的社会生活和复杂的学习任务,必须不断地将健全肢体的代偿作用与残肢的剩余功能重新组合,使它们协调动作。这种功能上的重建,一方面需要肢体障碍儿童自己摸索努力,另一方面也需要教育上的帮助,需要给予有目的、有计划的训练,使功能重建的过程尽可能加快。

2. 心理重建

不管是先天肢体障碍儿童还是后天肢体障碍儿童,在发展的某一个阶段都会或多或少地出现以自卑甚至轻生为主要特征的心理适应期。先天肢体障碍的儿童在意识自己和其他人不同时,首先会问为什么,这时就开始了艰难的心理适应期。那些后天肢体障碍儿童在生命的危险消失后,马上就进入“我为什么会这样”的心理适应期。这时建立心理自信是非常重要的。

3. 采用多种教学方法

在文化课的学习上,相应的教学方法与普通教育差别不大,但是,在身体能力的训练、生活能力的培养等方面,却有一些独特的方法,如物理疗法、运动疗法、作业疗法、感觉统合训练等。此外,肢体障碍儿童的教育要遵循一些特殊的教学原则,如教学内容和教学方法的个别化原则、文化知识教育和身体缺陷补偿相结合的原则、心理康复和教学训练相结合的原则等。

此外,要加强肢体障碍儿童的人格修炼。要积极培养肢体障碍儿童团结助人、乐观向上、吃苦耐劳等精神品质,同时,父母以及其他家庭成员不要溺爱、娇惯肢体障碍儿童,要培养他们独立的生活习惯以及顽强的意志品质。

第四节　肢体障碍儿童的保育

一、肢体障碍儿童的基础训练

肢体障碍儿童的运动功能障碍主要表现在肌力低下、关节活动受限和运动不协调等方面。对其保育可以从以下几方面着手。

(一)增强肌力

增强肌力的方法主要有以下几种:助力运动、机械性运动、游戏活动等。助力运动是指在外力的辅助下,儿童主动收缩肌肉来完成运动。家长或者训练员可以让儿童躺在垫子上,用手帮助儿童做运动。机械性运动主要指在机械的帮助下进行运动,比如在温水池中让儿童运动,利用浮力减轻重力的影响。此外,一些简单的游戏活动也可以达到增强肌力的效果。

(二)运动协调训练

运动协调训练分为上肢协调训练和下肢协调训练。上肢协调训练主要采取一些作业治疗方法,比如用双手拧铁丝、用砂纸打磨木板、串球、组装方片等。

下肢协调训练主要有横向跨步训练、交替向前迈步等。

(三)步行训练

先让儿童借助一定的支撑物进行迈步训练,慢慢过渡到独立迈步,平地行走较稳妥之后,可以练习上下楼梯。对于需要借助拐杖行走的儿童有以下几种方法:四点交替法、三点法、摆动步法、单拐步法和两点法。四点交替法指先动左拐,再动右足;继动右拐,再动左足。三点法指双拐及患腿同时前移,最后健腿上前一步。摆动步法指利用腰背力量将两腿摆至拐前或拐后,然后再两拐前移。单拐步法是指拐由健侧手抓握支撑,先迈健腿,然后患腿与拐同上步。两点法是指一侧拐与同侧的足同时向前移动,如此两侧交替。

肢体障碍儿童在运动上或多或少都会存在障碍,对其训练要从最根本的肌力、关节活动和动作协调性上入手,帮助他们获得基本的运动功能。

二、肢体障碍儿童自理能力的早期干预

对肢体障碍儿童进行多方面干预的主要目的是让他们能够独立生活,也为肢体障碍儿童的发展奠定好的基础。肢体障碍儿童自理能力的早期干预主要涉及饮食、穿衣、洗漱、排泄等内容,此外结合他们在自理方面的特点,还需要对其进行心理辅导。

(一)饮食能力训练

吃饭是每个人的头等大事,但却是肢体障碍儿童最头疼的事情。在训练肢体障碍儿童的帮助饮食能力方面,双上肢残缺或者手残缺的儿童,若没有假肢,只能依靠家长帮助吃饭。若为其安装了假肢,则训练可以按正常儿童吃饭的步骤进行,但假肢与皮肤接触的地方可能会有疼痛的感觉,家长应该和儿童共同克服这个问题,否则会造成儿童心理上的反感。

另外,训练不能操之过急,要多几次耐心的辅助,少步骤高频率地进行。由于使用假肢的初期,关节活动不灵活,不能握紧汤勺,训练者要在动作上加以辅助和指导,帮助儿童握住汤勺,或者帮助他们将碗或盘固定住,以便他们能够独立取食,随着其动作的改善,帮助可以逐渐减少。

（二）穿衣能力训练

穿衣能力的训练主要涉及肌力、关节活动、躯体的平衡与协调能力等生理层面的训练；还有对衣物的认识与区分训练，包括正反面、上下、季节的区分训练；系腰带、系鞋带、扣纽扣等能力的训练；以及衣物的处理和保护能力等认知层面的训练。

（三）洗漱能力训练

刷牙需要儿童具备的能力包括：口腔肌肉的控制能力、上肢和手部的协调能力和对上下、左右、里外等空间概念的理解能力。对使用假肢的肢体障碍儿童来讲，主要干预方法是按照假肢的使用说明，使其尽快适应假肢。

（四）排泄能力训练

排泄能力的训练内容包括：以语言或手势表达要大小便的意图；控制能力的训练；男女厕所标志的识别；坐在马桶上排泄；衣物整理训练，穿裤、拉平衣服；冲洗厕所以及使用卫生纸的训练。

训练方法：示范法、帮助法。当儿童在上厕所的某环节出现困难时应给予帮助，随着技能的增进，慢慢减少帮助，直到他们能够独立完成大小便。

思考与练习

1. 简述肢体障碍的定义及成因。
2. 简述肢体障碍儿童的发展特点。
3. 简述肢体障碍儿童的教育内容及教育方法。
4. 结合实际谈一谈如何进行肢体障碍儿童的保育。

第五章 病弱儿童的教育与保育

学习目标

1. 了解病弱儿童的定义、分类及成因。
2. 掌握病弱儿童的评估与发展特点。
3. 掌握病弱儿童的教育策略。
4. 了解病弱儿童的保育。

儿童在婴儿期与幼儿期都会遇到各种健康问题。多数情况下，这些问题都不太严重，不会对儿童的成长和发展产生严重影响。然而有些孩子患有慢性疾病，他们的生活每天都伴随有严重的健康问题。在儿童的整个发展期内，这些问题会不断地对儿童、家庭和教师提出考验。因此，需要对病弱儿童实施及时的治疗、教育干预和心理干预。

第一节 病弱儿童概述

一、病弱儿童的定义及分类

（一）病弱儿童的定义

病弱儿童是指一些患慢性疾病和体质虚弱的儿童。他们需要在医教合一的环境中接受特殊的指导和帮助。因此，病弱儿童也是特殊教育的对象。哪些病弱儿童可作为特殊的教育对象，有的国家曾做出比较明确的规定。例如，日本文部省 1978 年发布的《关于教育方面需要特殊照顾的儿童和学生的教育措施》的通告中规定病弱儿童是：患有慢性胸部疾病、心脏疾病、肾脏疾病，其状况需要六个月以上的医疗或生活限制者；身体虚弱的状况需要六个月以上的生活限制者。

我国虽然没有从立法上将身体病弱儿童列为特殊教育对象，对身体病弱儿童也没有明确的定义，但很多特殊教育的书籍都已把对身体病弱儿童的教育列为重要章节。

（二）病弱儿童的分类

按照病源学的分类，病弱儿童常指那些患有心血管疾病、呼吸系统疾病、内分泌疾病和神经障碍疾病的儿童。如常见的患有哮喘病、先天性心脏病、糖尿病、癫痫病等疾病的儿童都属于这类儿童的范围。

二、病弱儿童的成因

身体病弱儿童的成因是多种多样的，一般可分为先天因素和后天因素。先天因素主要包括：母亲怀孕时发生疾病；母亲受孕时受到细菌或病毒的感染；怀孕时接触过量放射线的照射；怀孕期间营养不良；怀孕期氧气供应不足；母亲怀孕时酗酒；母亲怀孕时滥用药物等。后天因素主要是指婴儿出生后，外部环境对个体健康造成的损伤。其中铅中毒是儿童时期最常见的一种病，饮食因素也可能会导致健康损伤。

第二节　病弱儿童的评估与发展

一、病弱儿童的评估

（一）基本信息的收集

病弱儿童最大的困扰是健康损伤，他们在认知、动作、情绪行为方面存在的问题大多是由健康问题引发的。因而，教师要详细了解每位病弱儿童的病情以及儿童所需要的特殊照顾。

教师可以从家长和多学科的专家成员那儿得到帮助，还可以从其他资源中获得信息，最重要的是每日更新儿童的健康记录，并对儿童的用药情况进行了解。教师还需指导在例行与紧急情况时，如何处理好班级中具体的健康问题。一旦有健康问题的儿童进入班级，教师需要从儿童家长、专业人士处提前获得相关的信息。

（二）对病弱儿童的能力进行评量

1. 对儿童的活动功能进行评量

将活动功能分为以下五类：情况良好、活动功能不受损；重度活动才有症状；中度活动就有症状；轻微活动就有症状；严格禁止活动。在跟踪观察中对儿童的活动功能进行初步的判断，并根据儿童的活动功能为其选择相应的可参加的活动以及评量其医疗需求和安置需求，详细情况见表 5－1。

表 5－1　病弱儿童活动功能及相关需求表

活动功能	活动分类	医疗需求	安置需求
情况良好,活动功能不受损	活动不受限制	不需要医疗追踪	普通班
重度活动才有症状	限制剧烈活动	定期医疗追踪	资源班
中度活动就有症状	只准轻微活动	不定期医疗追踪	特教巡回教师
轻微活动就有症状	禁止易受伤活动	需做教室记录	特殊班
严格禁止活动	在家或卧床治疗	需要医疗急救设备	在家教学

2. 对儿童的优势能力和弱势能力进行评量

教师在教学过程中要注意观察儿童的表现,对儿童进行全面考量,以了解儿童的优势、不足以及他们的兴趣爱好,给予病弱儿童充分的表现机会,激发他们学习的兴趣,并拟定指导方案,对他们的弱势能力加强训练。

二、病弱儿童的发展

身体病弱儿童因疾病因素、服药或接受必要的医疗措施,生理上会出现若干反应,但是也有少部分儿童无明显的特征,主要是因疾病的种类与严重程度而有不同的变化。同时病弱儿童在认知发展、人格发展、情绪情感发展等方面往往会受到疾病的影响。主要表现如下:

(一)正常的智力水平和一定的活动能力

病弱儿童除了身体疾病造成的体能不足以外,在智力上与普通儿童没有什么区别,其认知发展也与普通儿童无大的差异。但是,这些儿童会因长期患有疾病、治疗花费较长时间,或体质虚弱、体力不支而耽误学习。

(二)注意力不集中,注意持久性差

大部分儿童由于体弱多病,容易产生注意力不集中、注意的持久性差、精力不济等问题,这些可能会对他们的认知能力发展产生一些负面影响,也会使得他们的生活经验比较贫乏。

(三)人际交往障碍

长期的慢性疾病不仅会影响儿童的学习兴趣与情绪,而且对儿童的人格发展有着不容忽视的影响。由于儿童身患疾病,因此常常受到家长过分保护和迁就。这样会使儿童过于依赖,缺乏自信,容易形成孤僻、退缩等不良人格特征,并且容易出现人际交往障碍。

第三节　病弱儿童的学习与教育

一、病弱儿童的学习

了解身体病弱儿童的学习特征,对制订其所需要的特殊教育和相关服务计划有重要的指导意义。不同的病因、不同的病情程度以及不同的生活环境都会影响儿童的学习表现,因此,在对身体病弱儿童进行教育时,要对个体的具体情况进行综合分析。

一般来说,身体病弱儿童在学习方面会呈现以下特点:体力较差,上课时容易感到疲倦而趴在桌子上;可能需要定期看诊而经常请病假缺课,导致学习进度落后,很难保持其所处年级应达到的学习水平;在诸如走路、提重物、体能训练等肢体动作方面存在困难;可能会缺乏与同伴的互动而造成人际关系的疏离;可能会因为自己的病情而产生自怨自艾的情绪,给自己找合理化的借口而放弃学习或消极学习;可能会因为家长、教师的低要求而学习动机较低。

二、病弱儿童的教育

(一)教育内容

通常而言,对于仅存在某一种身体健康方面问题的儿童,其学习内容应该与普通儿童没有差别,课程安排应该包括语文、数学以及让他们与周围世界熟悉的常识课。但是由于其存在的健康问题,教师在为这类儿童拟定学习目标时,可能会有所删减、变化或增列。

对于疾病程度较重,且伴有智力障碍、脑瘫等多重障碍的儿童,他们的教育通常需要跨学科的知识,其学习内容的范围一般会超出幼儿园提供给其他儿童的目标和课程。

(二)教育策略

一个儿童的健康状况出现问题,必然会使他的体力、活力和警觉性都受到一定程度的限制,从而对他的学习产生不利的影响。因此,病弱儿童需要在医教结合的环境中接受特殊的指导和帮助。教师也需要为此类儿童提供必要的支持策略。

1. 教师支持策略

第一,创造良好的学习环境。首先,教师要为身体病弱儿童创造良好的将医疗养护和教育教学融为一体的教养环境;其次,要为身体病弱儿童创造无障碍的学习环境。

第二,加强对疾病及障碍状况的了解。教师需要常与家长讨论身体病弱儿童的病情,了解其医疗史、紧急处理病况发生的程序以及医生给予的限制警告,当身体病弱儿童出现突发状况时,能够从容应对。

第三,帮助班上同学建立对疾病的正确认识,营造良好的班级氛围。教师应该让儿童了解与身体病弱儿童有关的知识,以避免班上同学因误解疾病会传染而产生排斥、恐惧的心理。引导同学尊重身体病弱儿童与同学间的差异,不宜对身体病弱儿童进行嘲笑或乱取绰号。

第四,调整教学内容,加强跟踪辅导。对身体病弱儿童教学计划的安排和课程的设置都要考虑到儿童的实际情况,不能一味地强调教学计划的同步性。班主任需要和其他科任老师共同协商,为身体病弱儿童拟订合理的个别化教学计划,调整对其的学习要求。在身体病弱儿童离园后,班级的教师可以轮流到身体病弱儿童所在的机构或家中为其提供教学服务,或者多与家长和身体病弱儿童沟通,让他们了解幼儿园的学习进度,并为身体病弱儿童提供情绪上的支持。

第五,提供适应性体育课程。体育教师在安排课程时,需要先了解身体病弱儿童的病情、应注意的事项,以及突发的状况等处理程序。此外,幼儿园的运动设备也应做调整，有些运动的活动规则也可以视情况予以调整。

2. 同伴支持策略

教师可以安排有爱心的同学坐在身体病弱儿童的周围，随时给予身体病弱儿童关怀，并请同学多协助其生活及功课。教师也可以引导其他小朋友与身体病弱儿童友好相处，主动邀请身体病弱儿童参与各项学习活动，增加他们与同伴互动的机会，建立自信。指导其他小朋友留意身体病弱儿童的身心状态，尽量保证其身边有同学跟随，当病弱儿童出现突发情况时，身边的同伴能够第一时间通知教师，以便采取必要的处理措施。

第四节　病弱儿童的保育

关于病弱儿童的保育工作，其主要内容为对患病儿童的日常保护和养育，以下是几种儿童常见病症的保育方法。

一、哮喘病

哮喘发作可能起因于对某一过敏源的特别敏感性、情绪波动，或过分的体育活动。发作会给患者本人及其他目睹者造成情感压力。这种情感因素又会加剧哮喘程度及发作频率。因此，要设法解除患儿的思想顾虑。平时要注意给患儿增加营养，鼓励他锻炼身体(但不能过度)，增强体质，并可因人而异地采取各种抗复发措施，如于发作季节前1~2个月开始服用色甘酸钠或酮替芬，直到发作期过后1~2个月，注射哮喘菌苗，或中药敷贴等。只要连续几年不发作或青春期后不再发作，以后发作的可能性较小。

二、糖尿病

糖尿病的症状主要是：尿多，特别容易渴和饿，体重迅速减轻，昏昏欲睡，虚弱，可能合并视觉障碍、皮肤感染等。教师如果发现儿童有这类情况中的任一种，就应同卫生教师与其家长联系，以便及时地做诊断和治疗，这对于糖尿病儿童十分重要。

确诊患有糖尿病的儿童，需要每天注射胰岛素，坚持严格的定量饮食制度，以保持体内适当的糖分。这种儿童除忌食甜食之外，同样能够享受普通儿童生活，可从事同龄儿童能做的一切事情，但要注意适当休息。

注射胰岛素通常在家庭中实施，应成为像每天洗脸、刷牙那样的常规活动。医生会告诉家长如何安排患儿每天的生活活动：注射、饮食、运动、脚部护理等，以及如何改变生活方式，以使患儿适应病况。

三、癫痫病

(一)癫痫发作的形式

癫痫发作的形式主要有以下三种。

1. 大发作

当癫痫大发作时，儿童会突然跌倒在地，失去知觉，不省人事；全身发生抽搐，身体和头部会变得僵直；接着会出现四肢不自主地剧烈收缩和颤动，并伴随有呼吸困难，面唇发青，口吐白沫，小便失禁，甚至全身出汗等症状。发作过后，儿童记不清所发生的一切，浑身感到疲倦，昏昏欲睡。发病时间从 1 分钟到 20 多分钟不等。

2. 小发作

当癫痫小发作时，儿童会脸色苍白，两眼发呆，眼皮震颤，有暂时无法进行手头的活动或从事活动时动作不稳定的现象。发病后一切又恢复正常，儿童根本意识不到发作的问题。小发作持续时间为 3 ~ 30 秒，但会很频繁。小发作可借助药物控制。

3. 精神运动性发作

心理(或精神)运动性发作是种最复杂的发作，不仅影响到运动系统，也会影响到心理过程。发作可持续几分钟到几小时。儿童可能咬自己的嘴唇，或显得混乱惊慌。有的儿童可能做些无目的的动作，如擦摩自己的手臂或腿，走来走去，跳窗户，袭击别人，也可能突然停止活动，目光凝滞。发作后，儿童从不记得发生了什么事情，并要睡觉。发作时，教师或家长不能离开患儿，以防止他的危险举动。

（二）癫痫发作时的急救措施

在幼儿园中，教师应了解有关癫痫发作时的急救措施，以便遇到儿童发作时能够沉着处置。

1. 保持镇定和安静。
2. 顺其自然，不要阻挠儿童的活动，以防其受伤。
3. 帮助儿童躺下，在其头部垫上软物。
4. 清除儿童身边硬的、尖的或烫的物体。
5. 松开儿童的衣扣，让其放松。
6. 不可以把坚硬物品放入儿童口内，更不可以撬开儿童的嘴巴。
7. 发作后，让儿童在原地休息。
8. 如果儿童发病时间超出 10 分钟，要请医务人员进行诊治。

四、心脏病

（一）保持适度的运动

儿童出现心脏疾病一定要适度地进行运动，这样才能让心脏功能变得越来越好，但是剧烈运动就不适合，剧烈的运动会使心跳的速度变快，如果没有得到及时控制，就会让疾病发作，后果严重。只有适度的运动才能让心肌活力变得更强，可以让血液流通的速度变得更快。

（二）常备药物并按时服药

出现心脏疾病以后儿童应该按时服用药物，由于心脏疾病随时随地都有可能复发，患儿要常备药物以应不时之需。有一些心脏病儿童需要长时间服用药物，出门的时候家长就应该时刻记得带好，这样才能避免意外情况发生。

（三）注意休息

有心脏病的儿童还需要注意好好休息，不要因为学习压力大而影响到自己的身体健康情况，不管是体力运动还是脑力运动都应该减少，一切活动应该控制在身体可以承受的范围之内，做到劳逸结合，这样身体健康情况才会越来越好。

（四）预防感冒，避免复发

患有心脏病的儿童还应该注意避免感冒情况出现，如果出现感冒问题就有可能引发肺炎或者支气管炎，经常出现这种情况对心脏方面造成的伤害是非常严重的，可能会引起疾病发作。另外，还需要注意不要喝碳酸饮料等会对心脏造成刺激的饮品。功能性饮料一定要少喝，它会引起神经兴奋，让心跳速度加快，这样心脏负荷也会变得比较大，疾病复发的几率也会显著升高。

五、血友病

（一）尽量消除出血的诱发因素

一些常见的诱发因素可以导致或加重血友病患儿出血，如过度劳累或跌、摔、碰及扭伤等外力引起局部或者内脏出血。手术、拔牙、注射、针刺等治疗也会引起出血；饮食不当，如粗糙、坚硬的食物及其他刺激性食物，引起口腔或者消化道出血；鼻腔干燥、咽喉肿痛、牙龈炎等也会引起出血；儿童换牙出血。所以血友病患儿在学习、生活中尽量减少和避免出血。

（二）不要隐瞒病情

隐瞒病情容易导致延误治疗。在生活中，血友病患儿或患儿的亲人有必要向所在幼儿园、学校说明有关的防护知识，以便这些单位与家庭共同照顾和关注患儿。另外，需要特别注意的是：患儿在每次出血后，家长都不要过分责备他，过分的责备会使他很容易在出血后因怕批评而隐瞒病情，其后果不堪设想。

（三）避免过度疲劳和外伤

血友病患儿应做有限制性的活动，不宜爬高、蹦跳、踢球、长跑等激烈运动，要做到早睡早起，睡眠充足。

（四）禁忌用阿司匹林

在任何情况下都应避免使用含有阿司匹林的药物，这种药物可以阻止血小板聚集，阻止血栓形成，损伤胃粘膜，引起出血。

（五）预防治疗

预防治疗是预防血友病的最好治疗。对处于儿童及青少年期的中型或重型血友病患儿来说，如果经济条件允许，预防治疗可以使其血液中的凝血因子保持在一定水平，阻止血友病性关节炎的发生。

思考与练习

1. 简单介绍几类在教学中需要特别注意的身体病弱儿童。
2. 简述病弱儿童的发展特点。
3. 简述病弱儿童的教育策略。
4. 结合实际谈一谈如何进行病弱儿童的保育。

第六章 超常儿童的教育与保育

学习目标

1. 了解超常儿童的定义、分类及成因。
2. 掌握超常儿童的评估原则与发展特点。
3. 掌握超常儿童的学习与教育。
4. 了解超常儿童的保育。

超常儿童是指那些智慧非凡或者具有特殊才能的儿童。人类社会对超常儿童的关注由来已久,但对超常儿童有效的引导和教育则是近代的事情。就目前而言,许多国家和地区都已把超常儿童的教育列入法律条文,但我们也发现很多超常儿童背负着“神童”的光环和老师家长的过高期待,在生活和学习中得不到必要和恰当的支持,导致他们的发展并不尽如人意。因此只有了解超常儿童,针对超常儿童的发展需要,设计适合他们的教育策略,才能有效地帮助超常儿童健康成长。

第一节　超常儿童概述

一、超常儿童的定义及分类

（一）超常儿童的定义

超常儿童是指智能上明显超过同龄常态儿童发展水平或具有某种特殊才能的儿童。在特殊教育学和心理学领域，将出类拔萃的儿童称为超常儿童。美、英等国称这类儿童为“天才儿童”，日本称其为“英才儿童”，名称虽不相同，但所指的对象都是同一种。我国采用“超常儿童”的名称。

在理解“超常儿童”这个概念时，还应注意不能把有无成就作为衡量儿童是否超常的标志。“超常”是一种智力状态，不论儿童是否做出突出的成绩，这种状态都是存在的。

（二）超常儿童的分类

1. 学术超常儿童

这一类型是指具有卓越的智力或特殊学术性向者。对于这类儿童的鉴定，智商是重要的决定因素。有学者曾根据斯坦福－比奈智力测验的评量结果，将学术超常儿童分为三个层次。最低的一个层次称为学术优秀，智商在 116 以上；第二个层次称为资优，智商在 132 以上；最高一个层次称为非常资优，智商在 148 以上。

2. 创造力超常儿童

这一类型是指富有卓越的创造性或生产性思考能力者。而所谓的创造性思考能力是指：当有问题出现时，或需要出点子的场合，能想出许多主意。创造力超常者的选拔方法，不只限于一般传统的程序。非常的创造能力更需要非常的鉴定方法。

3. 社会心理能力超常儿童

这一类型是指具有政治与社会的卓越领导才能，可有效地达成团体目标，并促进团体之内的和谐关系。具有优异社会心理能力的儿童，常可能成为社会上的领导人才，对国家未来发展影响深远。

4. 身体知觉能力超常儿童

在视觉、表演艺术或心理动作能力方面，具有高水平表现的儿童通称为身体知觉能力超常儿童。许多知名的艺术家、舞蹈家、演员、音乐家、运动员，皆可泛称为身体知觉能力方面的超常者。这类超常者对社会精神文明层次的提升做出了很大的贡献。

5. 有障碍缺陷的超常儿童

这类儿童智力很高，但是有的在学业上表现并不突出，还有的甚至会被老师当作问题儿童。有的儿童自身有某种缺陷或障碍，如视觉障碍、听觉障碍等，但并不妨碍其表现出超人的能力和智慧。

二、超常儿童的成因

（一）遗传因素

超常儿童首先是大脑发展异于常人，因此，许多超常儿童从很小就表现出超常的天赋。这与他们良好的遗传基因不无关系。英国学者高尔顿以研究著名人物的家谱为依据，得出非凡的能力起源于遗传这一结论。可以说，遗传因素是成为超常儿童的物质基础。

（二）后天环境

超常儿童第一个后天环境是家庭教育环境。家庭成员的文化程度、人格特质、对儿童的教养方式，及对儿童成长和未来发展的期待等，都会对超常儿童的成长起着重要的作用。

后天环境特别是早期家庭环境，对超常儿童的影响更加关键。早期家庭环境包括家庭中的自然物理环境与心理社会环境，其中心理社会环境更具有直接和重要的作用。心理社会环境主要包括玩具或者读物的数量、喂养行为、亲子活动、教育行为、家庭氛围、情绪情感等。国外学者将其概括为以下三大维度：家庭学习环境、家庭核心氛围、家庭教育期望。其中，家庭学习环境强调儿童的语言发展及文字、数字的刺激；家庭核心氛围注重亲子关系与父母的情感支持；而家庭教育期望主要指家长对于儿童的未来发展规划及期盼。

（三）主观努力

超常儿童能否成为“超常”的人，主观因素是最主要的，特别是他们的非智力因素表现优异，如超常的耐力和意志力。

第二节　超常儿童的评估与发展

一、超常儿童的评估

20 世纪 70 年代以来许多学者认为，传统的智力量表已不能评估儿童可测智能的所有方面，仅可用于最初的筛选，所以评估更倾向于使用多种鉴别方法，其中包括标准化智力测验、创造力测验、人格测验、成就测验，或学习成绩评定、行为核对、作品分析，及向教师和家长做问卷等方法。

（一）超常儿童的评估原则

我国的研究者们参考了国外超常儿童的教育经验，根据我国的超常教育研究实践，逐渐形成了以下评估超常儿童的原则：

1. 在动态的比较研究中鉴别。

2. 采用多指标、多途径、多种方法鉴别。

3. 把发展的质和量相结合考察。

4. 兼顾智力和非智力因素进行鉴别。

5. 鉴别应服务于教育，再通过教育教学过程进一步鉴别。

(二)超常儿童的鉴别

根据研究,家长和教师可通过以下几个途径来初步发现超常儿童。首先是观察。观察儿童在各种活动(学习和游戏等)中的言行表现。其次是注意儿童的教育过程。通过教育干预过程,教师从这些儿童的接受能力、学习能力和兴趣等方面了解情况,发现哪些儿童具有特殊才能倾向。再次是通过儿童的作品展览或竞赛发现。最后是通过以上几个步骤的初步筛选后,专业人员再运用各种心理测验鉴别发现,以得到比较客观正确的结果。

我国学者根据国内外关于学龄前超常儿童的特点概括出超常幼儿早期发展特点核查表,以此作为筛查超常儿童的参考。每个幼儿,只要符合核查表(见表6－1)中的一至两项或两项以上特征,就可能是某方面的超常儿童。

目前鉴别超常儿童的工具比较少,在测查幼儿智能方面的有麦卡锡儿童智能量表(MSCA)等。测查学前儿童的行为特点方面的有学前儿童非智力个性特征测验等。

表6－1　超常幼儿早期发展特点核查表

序号	核查内容
1	好奇心强。常爱打破砂锅问到底,喜欢拆拼玩具或用具,了解其中的奥秘
2	记忆力好。给他讲的故事、念的诗歌或阅读过的东西,不费力就能记住,有的甚至过目不忘
3	注意集中。对感兴趣的事(绘画、阅读或制作等)能专心致志,并能集中注意较长时间
4	感知敏锐。对周围的事物敏感,能发现别人没有注意到的现象。或很小的时候就对形状、色彩、音阶等具有精确辨别能力
5	语言发展早。不少超常幼儿很小就喜欢识字、阅读,表现为口头语言与书面语言同步发展
6	想象力丰富。自编故事、歌谣、绘画,或利用玩具和工具进行制作、建造、编织等活动,表现出突出的想象力

续表

序号	核查内容
7	理解力强。喜欢比较事物的异同,或对事物进行概括和分类,并喜欢运用类比和推理
8	喜欢动脑,有创造性。能把两个看上去关系不大的东西或事件联系在一起,并能提出新奇的想法
9	兴趣广泛、浓厚。一个阶段一旦对某件事(如下棋、认数、识字、绘画等)发生了兴趣,往往容易入迷
10	好胜心强,有坚持性。无论学习或游戏都不甘落后,一旦要学成什么事,非学会或做好决不罢休

二、超常儿童的发展

超常儿童在智力、才能、创造力等多方面的发展与普通儿童有显著区别,并表现出自身的独特性。

(一)超常儿童的认知发展

1. 感知觉敏锐,善于观察

感知觉主要包括视觉、听觉、触觉、味觉、嗅觉、本体感觉以及空间和时间知觉等。对很多超常儿童的追踪研究表明,超常儿童在早期成长过程中便表现出敏锐的感知觉能力,观察能力较强,条理较清晰,善于区分事物的微小差异。敏锐的感知觉,促使超常儿童观察能力较快、较好的发展,使他们能更有效地接受外界环境的刺激,促进智能发展。

2. 注意力集中,记忆力惊人

注意分有意注意和无意注意,有意注意是指有预定目的的,需要一直努力的注意,无意注意则正好相反,是不需要意志努力,没有预定目的的注意。婴幼儿时期，儿童注意力一般以无意注意为主，注意力很容易转移，但是超常儿童有意注意的最长时间却大大超过普通儿童，有些2～3岁超常儿童注意力可持续半个小时以上。此外，超常儿童注意的范围较广，分配能力也较强，常常在“无意”中了解并记住许多事物。

同时，超常儿童还表现出惊人记忆能力，“过目成诵”是许多超常儿童的突出特点，他们大多能轻松地记住了所学、所听和所看到的内容，而且记忆保持长久，不易忘却。

3. 思维能力较强，语言表达较好

思维是认知活动中较为高级的过程，包括概括、判断、分类、比较、推理等心理活动。许多超常儿童思维敏捷，概括能力强，善于抓住事物、图形或数量之间的本质关系或主要特征并进行推理，且思维的逻辑性较强，灵活性较高。此外，超常儿童在语言表达方面表现出的优异才能也常常为人们所惊叹。他们词汇丰富，善于模仿，在很小的时候就能用流利连贯的语言表达思想。

（二）超常儿童的社会性发展

1. 情感发展个体差异性较大

超常儿童具有较高的认识能力，但这并不代表他们也具有相应高水平的情感发展能力。总体来看，超常儿童的情绪情感发展具有较大的差异性，这与超常儿童本身极大的个体差异性有关。

2. 个性发展存在不同步现象

超常儿童虽然智力超常，但毕竟还是属于儿童，在成长发展过程中既有与一般儿童的共性特征，也有自己的独特性。总体来看，超常儿童的个性发展水平明显高于普通儿童，具体表现在：社会适应性较好，意志坚强，成就动机较高等。但同时超常儿童也遵循着普通儿童身心发展不平衡的规律，甚至表现更为明显。有研究者将这种现象称为“不同步发展综合征”，主要表现在：运动发展与智力发展不同步，如阅读能力发展快而书写能力发展相对较慢；智力的不同方面发展不同步，如有些超常儿童的记忆能力特别好，有些超常儿童空间知觉能力突出，有些超常儿童则表现在思维能力较强等；智力和情绪发展不同步，如

有很多儿童在智力上已达到成人的发展水平，但在情感发展方面却仍处在儿童阶段；儿童行为和社会要求不同步，如超常儿童本身发展的不平衡，但社会往往对超常儿童有“全能”的高期望。

3. 自我意识发展良好

自我意识是个性结构的核心指标，包括自我评价、自我体验和自我控制。多数研究表明，超常儿童自我意识的发展水平优于普通儿童，这可能得益于他们超常发展的智力，远大的理想抱负，优秀的学习能力等。相对于普通儿童而言，超常儿童更容易在成长过程中获得成功，这常常令超常儿童产生较高水平的自尊和自信，从而导致他们产生较高的自我评价。

（三）超常儿童的创造力发展

人们普遍认为创造力和智力存在一定关联，大多数的研究者发现这种关联是单向性的，即高水平的创造力是以高智力为基础的，但高智力却不一定会拥有高水平创造力。这一结论在超常儿童群体中得到体现，研究表明超常儿童的创造力水平整体上明显高于普通儿童，但不同超常儿童个体之间的创造力存在较大差异。超常儿童的创造力往往让人惊叹，以至于许多学者和教育者甚至认为创造力是对超常儿童定义的核心。

第三节　超常儿童的学习与教育

一、超常儿童的学习

（一）抱负较高，好胜心强

超常儿童通常会比普通儿童表现出更强烈的好胜心和更高的抱负。他们有着远大的理想，在幼年时就对未来生活有着美好的向往。同时他们有一种不甘落后、不服输的进取精神，表现在特别喜欢带有竞赛性的活动，并在活动中表现出强烈的竞争意识。超常儿童的好胜心和抱负水平往往是在对自己能力的客观评估的基础上形成的，是一种自信心的体现，他们会对自己想要达成的目标制订具体的行动计划，将理想目标付诸实践。

（二）求知欲旺盛、独立学习能力强

求知欲是儿童都具有的普遍特点，但是超常儿童的求知欲在发展速度、强度和发展水平上都远远超过同龄的普通儿童。超常儿童的认识兴趣和求知欲，不单纯是出于好奇，而是对事物奥秘的探究，这就促使他们孜孜不倦地去学习和研究，以求有所发现。同时，超常儿童还在学习中表现出喜欢独立思考、不受暗示、不受传统束缚、经常会提出一些独到的见解等特点。他们通常自学能力较强，在学习、思考和解决问题的过程中，不喜欢模仿现成的做法，追求与众不同，总是要求通过自己的努力思考、积极探索和多方操作，以求达到目的。这种学习上的独立性，使儿童的智力得到不断的锻炼和持续的发展。

（三）意志坚持性强

意志是人为了达到一定目的，自觉地组织自己的行为，并与克服困难相联系的心理活动。愈是能克服困难，向预定目标迈进，意志坚持性就愈好。一般来说，儿童处于成长阶段，意志坚持性的发展速度并不是很快，很容易受到各种事物的干扰，从而影响学习。但是超常儿童却在学习过程中表现出远超自身年龄水平的意志坚持性，突出地体现在他们的学习生活中，能克服困难、排除干扰、奋发学习。

二、超常儿童的教育

人的发展是先天素质和后天环境相互作用的结果。与普通儿童一样，超常儿童的成长发展也离不开后天的环境支持和教育引导。实践证明，早期教育对超常儿童的发展有着深远的意义和重要的影响。在对超常儿童进行教育时可以从以下几方面入手。

（一）密切关注儿童早期成长，及时发现儿童智力倾向

超常儿童也是从婴儿阶段逐步成长起来，家庭是儿童成长环境中最核心的系统。作为孩子的第一任教师，家长和孩子有天然的情感联结，对儿童的成长

变化最为熟悉，能够及早发现孩子的与众不同。可以说家长是超常儿童的发现者和教育者，对超常儿童的成长发展有极为重要的影响。很多超常儿童在婴幼儿阶段便在某些领域表现出极高的天赋和才能，这些早早崭露头角的天分需要家长及时发觉并予以正确引导，在熟知超常儿童发展特点的基础上，结合儿童的兴趣，制订适当的教育方案，促进儿童身心健康发展。

（二）创设良好家庭环境氛围，鼓励儿童发展兴趣才能

超常儿童在成长和学习过程中会表现出学习兴趣广泛、好奇心强烈、求知欲旺盛、创新想法较多等特点。这些特点让很多家长在养育超常儿童的过程中深感苦恼，有些过于活跃的儿童甚至被认为是行为问题而遭到呵斥和阻止。其实家长们不必过分担心，这些看似“闲不住”“顽皮”的特质，恰恰是超常儿童好奇心和求知欲的表现，对儿童今后的成长有至关重要的影响。因此，在超常儿童智力发展的同时，要培养他们多方面的兴趣，鼓励他们发展自己的天分，这将使儿童终身受益。

（三）重视超常儿童个体差异，提供个别化针对性教育

超常儿童的个体差异既体现在超常儿童与普通儿童的对比中，又体现在不同超常儿童之间的比较。与普通儿童相比，超常儿童的学习能力较强，知识掌握速度较快，幼儿园以常规速度进行的课程活动往往不能满足超常儿童的知识需求，导致很多超常儿童认为课堂活动过于简单，重复无趣，进而出现注意力不集中、小动作不断等课堂表现。因此，教育方案的设计需要考虑到超常儿童和普通儿童的发展水平和特点，需要满足不同类型学生的教育需求。

同时，不同类型的超常儿童才能结构迥异，如智能型、创造型、特殊才能型等，也对教育提出了不同的要求。他们之间有相同点，也有各自独特的地方。通常，在常规的学业教育活动中，智力超常类型的儿童最容易被发现，而创造型、特殊才能型的超常儿童，则需要家长和教师更为细致深入地观察和了解才有可能被发现。

因此，在超常儿童的教育和培养方面，家长和教师需要针对他们的具体特点，特别设计加速和充实的课程内容，让他们感受到知识所带来的挑战性，从而激发他们的学习兴趣。同时也要认识到尽管超常儿童在能力上有突出的表现，但他们仍处于幼儿期，行为、学习特点等方面都保持着一般幼儿的主要特点，因

此教育和课程方案的设计不能脱离他们作为幼儿的身心特点。

（四）尊重超常儿童发展特点，注重培养良好个性品质

每个儿童都是独特的存在，超常儿童更是如此。相较于同龄伙伴，大多数超常儿童在成长过程中都保持着长期的优胜地位，容易在学习中取得成功，经常受到父母、教师和周围其他人的表扬和赞赏。但另一方面，他们也面临着“超常”带来的困惑，如身心发展的不同步，导致他们的成长徘徊在成人和儿童中间，智力上的成人感和生理上的小孩身份常常令超常儿童倍感矛盾，且难以在同龄儿童中找到伙伴，因而时常显得较为孤独。因此，家长和老师要做好充分的思想准备，付出极大的耐心和智慧，尊重儿童的发展特点和规律，促进超常儿童全面健康成长。

第四节　超常儿童的保育

超常儿童的早期教育非常关键，可为超常儿童的发展打下良好的基础，更能促进儿童超常才能的形成，以及让其已显露的才能得到进一步的发展。超常儿童的教育是否成功，大部分固然取决于幼儿园、社会的安排，但是为了能尽早发现并予以充分培养，使超常儿童健康而全面地发展，父母对超常儿童的认识和家庭教育仍是非常重要的。

一、家长对超常儿童要有正确的认识

首先，家长不应过多地炫耀，避免儿童盲目骄傲，使其不能客观认识自我。其次，家长对超常儿童要有正确的认识，不能以成人的想法来拔苗助长，给儿童太大压力。最后，在明白超常儿童也是一个处于成长期的儿童后，家长应从儿童的特点、兴趣等方面来培养，促进其超常才能的发展。

二、针对儿童心理特点，进行适当教育

作为超常儿童的家长，应该充分了解和学习儿童心理发展的特点和规律，并运用于对超常儿童的教育之中。1 岁以前的婴儿主要是通过感知觉与外界发

生联系去认识周围世界的。超常儿童家长要注意把握婴儿期教育，重视智力的早期开发，如在婴儿期，家长可以用颜色鲜艳的玩具、音乐等来促进儿童的视觉、听觉等感知能力的发展。超常儿童多数都表现出早慧，即 2~3 岁时就表现出优异的才能，这时，家长也可以根据儿童早期表现出的智力和能力倾向因势利导，抓好早期学习。

三、从玩中学

游戏是儿童最喜欢的活动，作为一名细心的家长，应考虑如何运用游戏来有计划、有目的地对儿童进行教育，让儿童边玩边学，把枯燥乏味的学习变成生动有趣的游戏。

四、注意保护儿童的好奇心，抓住教育时机

超常儿童都有强烈的好奇心，对任何事物都感兴趣并爱提出一系列的问题。作为家长，当儿童提出问题的时候，应该给予热情的支持，并根据儿童的心理特点耐心地讲解，以及适当地启发。除了好问以外，儿童的好奇心还表现在行为上爱拆拆、动动新鲜物品，对于这种表现，家长不应该鲁莽地训斥或打骂，而应该问清事情的缘由，给予正确引导。

思考与练习

1. 简述超常儿童的分类及成因。
2. 简述超常儿童的评估原则与发展特点。
3. 简述超常儿童的学习特点与教育。
4. 结合实际谈一谈如何进行超常儿童的保育。

第七章 智力落后儿童的教育与保育

学习目标

1. 了解智力落后的定义、分类及成因。
2. 掌握智力落后儿童的评估内容与发展特点。
3. 掌握智力落后儿童的学习特点与教学原则。
4. 了解智力落后儿童的保育工作。

智力落后意味着个体在智力功能以及适应性行为方面都存在着实质性限制,无法达到与其年龄相符的水平,而这种状态并不会在短期内消失。尽管许多智力落后者能够在适应性行为方面取得巨大的进步,但是智力落后儿童由于智力上的缺陷,仍在学习文化知识和掌握生活技能、劳动技能上发展比较缓慢,终生只能达到一种较低的水平,而且他们缺乏社会意识,甚至不知道自己应该享有的权利和履行的义务,不知道应该怎样保护自己的权利。因此,他们更容易受到不公正的待遇。这样,对他们进行教育的重要性就愈加突出。

第一节　智力落后概述

一、智力落后的定义及分类

（一）智力落后的定义

智力落后，又称智力障碍或精神发育迟滞，是指个体在发育期内的智力显著低于一般人的水平，并显示出适应行为的障碍。智力落后是一个社会概念，不同社会文化背景、不同历史条件，在医学、教育学、社会学等领域，对其有“智力落后”“智力残疾”“智力低下”“精神发育不全”“精神发育迟缓”等多种名称。尽管名称不一，但所指的对象都是一类。

从上述定义可以看出，判断一个儿童是否是智力落后，必须从智力和适应行为两方面进行检查。当儿童既表现出智力缺陷，又存在适应性行为的问题，我们才能将其鉴定为智力落后。

（二）智力落后的分类

智力落后有不同的分类方法。有的按照形成原因进行分类，有的按照教育的可能性进行分类，但目前通常是按照智力发展的程度将智力落后分为四类：轻度、中度、重度和极重度。

我国在参照世界卫生组织和美国智能缺陷协会的智力落后分级标准的基础上，制定了我国的分级标准，如表 7 - 1 所示。表 7 - 1 中“SD ”是英文标准差的缩写，“ - SD”即负标准差的意思。智商（IQ）值一栏中，左边的智商值为韦氏量表测定的智商值。

表 7－1　我国智力落后分级标准

级别	分度	与平均水平差距－SD	IQ 值	适应能力
一级智力残疾	极重度	≥5.01	20～25 以下	极重适应缺陷
二级智力残疾	重度	4.01～5	20～35 或 25～40	重度适应缺陷
三级智力残疾	中度	3.01～4	35～50 或 40～55	中度适应缺陷
四级智力残疾	轻度	2.01～3	50～70 或 55～75	轻度适应缺陷

二、智力落后的成因

（一）生物医学因素

在许多重度和极重度智力落后患者中，大约半数以上被认为是某些特定的生物医学因素导致的，如染色体畸变、先天性代谢异常、大脑发育不良、单基因异常、母亲怀孕期间患病等，这些生物学因素所导致的病症并不能说是导致智力落后的绝对原因，但患有这些病症可能导致智力功能及适应性能力的缺陷，从而造成智力落后。任何危险因素，比如出生时体重过低或唐氏综合征，只有在导致智力功能以及适应性能力的障碍并且达到诊断智力落后的标准时，才算是其导致了智力落后。

（二）环境因素

在众多的轻度智力落后患者中，绝大部分并没有明显的器质性病变。经专家研究表明，这些患者的智力损伤可能是社会和文化环境在他们的成长过程中造成了负面的影响。发展性智力落后也同社会心理处境不利一样，被用来描述那些主要是环境因素所引起的智力落后，如长期遭受虐待和忽视、受到强烈的刺激、在缺乏语言的环境中长大、剥夺感知觉刺激或限制其感知觉活动等，这些都是环境因素影响的表现。

第二节　智力落后儿童的评估与发展

一、智力落后儿童的评估

（一）评估内容

1. 医学方面

儿童从出生到就诊时的身体、智力的发育史；曾患疾病的症状，治疗过程；视力、听力和神经系统检查等。

2. 教育方面

儿童在幼儿园、家庭或学校各个方面的表现；和同龄儿童交往的情况、各科学习成绩、学习兴趣、习惯和类型；教师和教学态度，教学方法和教材难度等。

3. 心理方面

首要工作是对儿童的智力水平和适应行为水平进行测验；另外，还可进行注意力、记忆力、语言能力、推理能力、个性等方面的检查和鉴定。

4. 社会方面

儿童家庭、邻里、学校的状况，家庭成员尤其是父母的文化水平；家庭经济状况、家长管教态度和对儿童的期望水平；三代亲属以内有血缘关系者的智力情况；生活环境的变迁状况；家庭是否稳定、和谐。

（二）评估步骤

1. 推荐

学校根据教师、家长或其他有关人员的观察和学生考核的结果，将怀疑为智力有问题的儿童送往专门的机构进行诊断和评估。

2. 初审

这个步骤既可以由学校组织实施,也可以由专业人员进行。具体审查包括三个方面:首先,学生的个案材料,如出生史、病史、各科成绩、班主任评语等;其次,和任课教师、家长等进行谈话,了解学生各方面的实际表现;最后,有计划地观察儿童的日常行为表现,看看他的适应性行为水平,并且可以做一些简易的心理测验,如画人测验。通过初审,如果儿童智力落后症状被证实,则进入下一个步骤。

3. 个别测验和诊断

由专业人员对儿童进行全面的诊断性测验,包括智力测验和适应性行为测验。必要时,还需对儿童进行神经系统机能检查、听力测查、视力测查、运动能力检查、言语能力测查、人格测验等。经过多方面的综合检查,才能做出被推荐儿童是否确属智力落后,以及智力落后的性质和程度的诊断。

4. 个案协商

个别测验和诊断结束以后,还需尽快召开一个由学校领导、教师、家长、心理学工作者、医生及其他有关人员参加的会议,以确认诊断和评估的公正性和准确性;解释并分析评估结果;分析儿童的特殊需要并讨论如何满足这些需要;制订具体的教育和训练方案;做出将儿童安置在何种教育机构的决定。

二、智力落后儿童的发展

(一)智力落后儿童的心理特征

智力落后儿童在认知功能方面的缺陷和学习策略方面的特征主要包括:记忆力有限、学习速度缓慢、注意力存在问题、知识的迁移存在困难,以及缺乏必要的动机。

1. 感知觉

智力损伤限制了智力落后儿童感知觉活动的深度和广度。虽然智力落后儿童不存在感觉器官的损伤，但由于大脑神经中枢的异常，他们的大脑神经通常有一种惰性，心理上缺乏需要、追求和期待，因而感知觉的主动选择功能较差，他们不会积极主动地去观察周围世界，往往会被事物的外部特征所吸引，而忘记了自己认知的主要任务。他们的知觉速度缓慢，知觉范围狭窄，感知信息容量小。他们感知事物时区分能力差，通常很难将感知的对象从背景中区分出来，把相似的对象区分出来。

2. **注意力**

智力落后儿童的注意力容易分散，注意范围非常狭窄，注意分配困难。另外，智力落后儿童通常也很难将注意力持续维持在某一特定的任务上。他们的注意转移不灵活，注意稳定性差，走神之后很难收回来。这些注意力的问题共同存在，一并给智力落后儿童对新知识以及新技能的习得、记忆和归纳增加了难度。

3. **记忆力**

智力落后儿童在记忆力方面存在记忆过程缓慢、记忆容量小、记忆持续时间短等方面的特点。他们在记忆某一知识或事物时，需经无数次重复才能形成记忆，若不重复学习，将会很快忘掉。智力落后儿童在通过短时记忆保存信息时存在困难。智力落后儿童在自动回忆信息时需要比普通的同龄人花费更多的时间，因此，他们在一次性掌握大量的认知信息时就会存在更多的困难。

4. **语言**

智力落后儿童的语言发展水平要明显滞后于同龄普通儿童的水平。他们的语言发展速度相对缓慢，大部分儿童 3 岁以后才能开始说话，随着年龄的增长和不断地学习，他们的语言水平虽然会有所提高，但仍存在词汇贫乏、对词义掌握不好、语法结构不规范的现象。多数智力落后儿童的词汇仅限于一些常用的动词、名词，句子则局限于日常会话。此外，一些儿童还伴有发音、构音方面的障碍。

5. **思维**

智力落后儿童的思维过程缓慢，不灵活，概括能力差，他们既不善于通过思维的间接性去把握事物的本质属性，又不善于把事物的本质属性从具体的个别事物中抽取出来。他们对概念理解困难，使用混乱。

（二）智力落后儿童的行为特征

智力落后儿童在适应性行为方面存在实质性缺陷，而这些缺陷有可能以各种不同的形式出现在行为功能的各个领域。自理能力方面的缺陷、社会交往方面的缺陷以及过激行为等，都是智力落后的普遍特征。

1. 生活自理能力

智力落后儿童早期训练与指导所要解决的最基本问题就是其生活自理能力差的问题。绝大多数智力落后儿童在吃饭、穿衣、大小便等基本的生活方面都需要经过特别的训练与指导，才能够达到自理的程度。这些生活自理能力方面的早期训练与指导，能够改善智力落后儿童在适应性行为方面的缺陷，以至不会严重地影响他们生活的质量。大多数轻度或处于边缘状态的智力落后儿童都能够学会如何处理自己的基本需要，但是，他们通常只有在受到自我管理能力的专门训练之后，才有可能最终达到独立生活的水平。

2. 社会性发展

智力落后儿童普遍存在社会性发展水平低、社会交往能力差的特点，这是因为他们认知处理能力低、语言发展水平差、存在不正常或不适宜的行为等问题。在社会交往中，他们有自我中心的倾向，缺乏自知与自制能力，而且缺乏必要的人际交往能力和技巧。

3. 意志和情感

智力落后儿童存在意志力薄弱、高级情感发展迟缓的特点。在一些困难面前，如饥饿、疲劳、炎热、寒冷、辛苦等，他们往往会表现出惧怕、退缩，缺乏坚持到底、克服困难的毅力。智力落后儿童的高级情感，如义务感、责任感、集体荣誉感等，产生晚、发展迟，其情感极易受外界情境所影响，易变化、多冲动。在情感调节与控制方面，他们主要受机体需要支配，难以用社会道德标准来约定。

4. 过激和挑衅行为

智力落后儿童表现出行为问题的比例要远远高于普通儿童。在对智力落后儿童进行研究时,经常会发现他们难以接受批评、自我控制能力有限,并且还有攻击及自伤等不良行为。一些与智力落后并存的遗传性疾病也常常伴随着异常行为出现。一般来说,智力落后的程度越严重,问题行为发生的可能性也越大。

（三）优秀特质

对智力落后儿童的心智功能以及适应性行为进行描述时,焦点主要集中在他们所存在的限制及缺陷上,人们通常把他们想象成一个统一的群体,而这个群体是以优秀品质的缺失为其最主要特征的。实际上,智力落后者身上都存在着各自独特的品质及特征,所谓智力落后的群体也是由这些迥异的人所组成的庞大而又多样的群体。许多智力落后的儿童和成年人都能够在学习上表现得坚韧不拔且好奇心十足,在人际交往方面他们也有可能处理得很好,有些智力落后者甚至会对他们周围的人起到积极的正面影响。

第三节　智力落后儿童的学习与教育

一、智力落后儿童的学习

（一）学习能力发展缓慢

智力落后儿童由于自身智力的缺陷,在学习上存在很多困难,随着程度的加深,这种困难愈加明显。相比于普通儿童,智力落后儿童学习能力发展比较缓慢。一方面,在某个阶段,有些智力落后儿童还不具备相应的学习能力,如幼儿园阶段的某些智力落后儿童还不能独立上厕所;另一方面,智力落后儿童要掌握一个学习内容需要花费比普通儿童更长的时间,同时还需要通过不断的强化才能掌握。

（二）学习迁移能力差

学习迁移是指一种学习对另一种学习的影响,通过迁移儿童可以利用已学的经验来解决新问题。但是,智力落后儿童的思维较刻板,不会灵活变通,以前形成的思维模式不易改变,所以他们很难把原有的知识迁移到新学的知识上并使二者结合起来学习。再加上他们经验贫乏,概括能力低,学习迁移很难实现。

(三)学习动机水平低

智力落后儿童的需要多以低级需要为主,是以满足生理的需求为主,其学习的需要不占优势。由于智力落后儿童的身心特点,复杂的学习也容易让他们产生挫败感,从而慢慢地对学习失去了兴趣。父母、教师也对他们的期待很低,因此,智力落后儿童长期得不到鼓励和支持,这也有可能影响他们的学习动机。

(四)元认知能力差

元认知技能是个体对认知活动进行调节的能力,包括计划、监控和调整。由于智力落后儿童元认知能力比较低,他们在学习中注意力不集中、易分心、小动作多等,难以形成良好的学习习惯。他们很难自己规划自己的学习目标,也很难按照一定的学习目标进行学习,不能很好地控制学习的进度和行为,也很难能根据实际情况调整自己的学习进度和行为。因此,他们进行学习和练习时,需要教师或家长的督促。

(五)学习效率偏低

由于认知能力发展缓慢,再加上基础的薄弱,智力落后儿童需要经过多次重复及长时间的积累,才能掌握一项生活技能或者一个生活常识,学习效率较低,尤其是那些没有接受过早期干预和康复训练的儿童,其学习效率更低。

二、智力落后儿童的教育

(一)智力落后教育的教学原则

1. 直观性原则

智力落后儿童知识经验贫乏,抽象思维不发达,具体形象思维占主导地位,在教学中充分使用直观教具,可以弥补这些不足所造成的学习上的困难,增加学习的趣味性，使他们更好地领会和掌握新的知识和技能。直观性原则的运用，需要根据学生的实际情况和教学的具体任务进行。直观教具是直观教学的主要手段。直观教具有实物直观、图像直观和模型直观三种。为了充分发挥直观教具的作用，教师事先必须进行充分的准备。对教具的种类、大小、多少、教具的准确性、教具演示的重点，以及演示的顺序，都要精心计划好。教师的教学语言要形象、具体、生动、风趣，把深奥的道理浅显化，枯燥的东西形象化，抽象的东西具体化。需要引起注意的是，直观只是完成教学任务的一种手段，它本身并不是目的。

2. 个别化原则

智力落后儿童之间个别差异很大，主要表现在他们有不同的智力缺陷程度，不同的致病原因和不同的行为特征。即使是同一缺陷程度的儿童，由于各种先天和后天因素的不同影响，他们的特殊教育需要也是不一样的。因此，智力落后儿童的教育工作要求最大限度的个别化。这个原则并不完全是指个别教学或个别学习。

个别化原则要求在进行教学之前，教师应充分了解和考虑每个智力落后儿童的具体特点和需要。同时，要为每一个智力落后儿童也制订出一份个别化教学计划。在课程设置、教学内容、教学方法等方面，也应充分考虑每个智力落后儿童的不同需要。

另外，教师应随时了解每个智力落后儿童在学习过程中出现的困难，分析产生困难的原因，及时进行个别指导和辅导。

3. 激发兴趣原则

智力落后儿童大多数都缺乏良好的学习动机，对学习不感兴趣，更谈不上积极、主动参与。因此，如何激发并保持儿童的学习兴趣，强化学习动机，是智力落后儿童教育的一个重要课题。

首先，要创造一个充满爱与快乐的教学环境，克服智力落后儿童的退缩、自卑等不良心理。教师要和儿童保持良好的个人关系，使他们体会到被尊重和被接纳的喜悦，增强其自信心。

其次，要为智力落后儿童提供尽可能多的成功机会和体验。在教学内容的选择上，教师应尽可能照顾到每个智力落后儿童的实际水平，使他们通过努力能够学会课程内容。在教学活动的设计上，教师应给予智力落后儿童各种机会，鼓励他们发言、表演、创作，以引导其扩展学习兴趣，充实生活经验。此外，教师要善于发现智力落后儿童的“闪光点”，对他们所取得的进步，都应及时给予鼓励和强化。

4. 充分练习原则

这是根据智力落后儿童识记慢、遗忘快的特点而提出的。同样的学习内容，普通儿童可能很快就能掌握并记住，而智力落后儿童则需要进行更多的练习才能巩固。因此，充分练习是智力落后儿童教学的一个重要原则。智力落后儿童的理解能力较差，对所学知识的掌握往往不深刻、不全面，教师在指导智力落后儿童练习的过程中，应有针对性地加强理解性指导，通过细心指导，反复练习，智力落后儿童才能记住、记牢，为进一步学习打下基础。

5. 补偿性原则

智力落后儿童的教学工作除了要传授给儿童基本的科学文化知识和个人生活、社会生活必需的基本技能以外，还必须对其身心缺陷进行有针对性的补偿和矫正工作。只有这样，他们才能顺利地走向社会，自强自立。

首先，要求教师对智力落后儿童的身心缺陷状况和程度有较深的了解，在此基础上制订适合每个智力落后儿童特点的补偿和矫正计划。其次，教师要具备较为扎实的专业技能。缺陷的补偿和矫正工作是一项技术性很强的工作，如果缺乏专业训练，不具备相关的知识和技能，将很难取得成效。再次，缺陷的补偿和矫正工作是一项复杂和细致的工作，要求教师有长期工作的思想准备，防止急躁情绪，不要指望智力落后儿童的问题在一朝一夕就能得到解决。只有循序渐进，经过长期的努力，智力落后儿童的缺陷才能得到较好的补偿和矫正。

（二）智力落后儿童的教育与训练

1. 智力落后儿童的家庭训练计划

学前智力落后儿童绝大部分时间都在家庭里度过。儿童的父母和其他家庭成员是儿童最早的或许也是终生的教育者，所以，家庭训练计划以及对家长的培训实际上是对智力落后儿童早期干预的一部分。

智力落后儿童的家庭生活周期中有三个关键期——婴幼儿期、学龄前和学龄期。在这三个时期，对家长进行训练和对家庭开展咨询是有利的。在前两个时期，家长开始面对儿童的缺陷，可能需要通过帮助来学习一些方法，以提供适当的早期语言刺激和类似的发展技能；特别是学前期，是强化计划实施的最适当时期，家长需要了解更多的方法，教给智力落后儿童基本的学习和社会技能。

2. 智力落后儿童的个别化教育

为了给一名智力落后儿童提供最优化的教育，特殊教育老师、特殊教育督导员、心理学家、校长、咨询员以及任课教师组成团队联合拟订这份计划书，详细阐述儿童存在的问题以及解决这些问题的具体步骤。个别化教育方案的目的是给智力落后儿童提供最适合其需要的特殊教育方案，强化父母、教师与专业团队间的沟通与联系，使儿童获得最适合的教育环境与最好的教育效果，而且该方案还可以作为教学的管理工具和教师绩效的评鉴工具，促进教师有效率、有组织地教学。

3. 应用多元智能理论教育智力落后儿童

美国心理学家加德纳(Howard Gardner)提出的多元智能理论认为，智能是在某种社会或文化环境的价值标准下，个体用于解决自己遇到的真正的难题或生产及创造出有效产品所需要的能力。智能由八种相对独立的智力成分构成。每种智能都是一种单独的功能系统，但这些系统可以相互作用，在每个人身上以不同方式、不同程度组合，使得每一个人的智能各具特点。智能无高低之分，只有倾向和强弱的不同。可见，多元智能理论是一种开放、兼容的理论，鼓励人们从多维的角度看待智能。

传统智力测量仅仅强调了智力落后儿童的缺陷，忽视了智力落后儿童的潜力和智能类型，仅仅是发现和选择适合培智教育的儿童；而多元智能理论通过多维的视角来看待智力缺陷，从而为创造适合于每一名智力落后儿童的教育提供了可能。多元智能理论也许会成为开发智力落后儿童潜能的钥匙，正如其创始人加德纳所说："每个孩子都是一个潜在的天才儿童，只是经常表现为不同的形式。"

第四节　智力落后儿童的保育

在智力落后儿童的早期训练与指导中，家长的作用是至关重要的。

一、开展家庭康复教育的重要性

首先，家长是智力落后儿童的第一任老师，他们是最早接触儿童、最了解儿童的人。因此，只要家长了解一定的小儿生长发育的知识，关注儿童成长发育的状况及行为，通过对儿童的外表形体、早期表现、发育速度等方面进行观察和比较，一旦发现儿童的异常，应及时到专业机构进行咨询、检查和治疗。事实证明，绝大多数智力落后儿童都是由家长发现的，这就为智力落后儿童的早期训练提供了可能。

其次，将智力落后儿童送到早期训练机构，家长要主动向康复人员描述儿童的相关情况，包括家族病史、儿童的出生史、个人史、儿童生活的环境、儿童在家的行为表现、兴趣爱好等，为医疗和训练人员提供信息上的支持。

再次，家长应参与智力落后儿童的评估和鉴定，了解儿童目前的状况和应有的发展水平，与康复人员共同为智力落后儿童制订适当的康复目标和康复训练计划。家长在智力落后儿童评估和训练的过程中一定要积极配合。

最后，为取得更好的训练效果，家长要积极配合训练人员开展家庭康复训练，巩与复习儿童在训练机构学习的内容，同时，还要将儿童在家的训练情况、遇到的问题、困惑等及时地反映给专业人员，为调整训练计划做准备。

二、开展家庭康复训练的方法

多数家长在发现儿童有智力落后的时候，内心都是一片慌乱和茫然，即便知道对智力落后儿童实施早期训练是最有效的、最可行的方法，但却不知从何处着手。随着对智力落后儿童康复训练知识了解的不断深入，越来越多的家长参与到早期训练计划的制订与实施中，因此，家长了解掌握一些必要的、可行的、有效的训练方法与手段是十分必要的。

(一)提供安全、自由、健康的家庭环境

家庭是智力落后儿童生活、学习的第一环境,家长是保证儿童身心健康发展的第一人。儿童生活的家庭环境和家长养育子女的态度,直接影响到儿童的发展情况。因此,家长要树立正确的养护观念,并为智力落后儿童建立一个安全的、宽松的、能够促进儿童身心健康成长的优良环境。

(二)家庭是良好生活习惯培养与生活自理能力提高的最佳环境

家长对智力落后儿童往往存在一种愧疚心理,智力落后儿童生活上的大事小事全部由家长替代完成,因此使他们错过了许多锻炼和发展的机会,阻碍了其良好生活习惯的形成和生活自理能力的提高。事实上,生活习惯形成与生活自理能力培养最好的锻炼场所就是家庭,家庭可以为这些方面的锻炼提供最真实的情境,创造更多的机会,提供更实用的内容,家长要利用一切场景对智力落后儿童实施生活技能和社会交往训练。由此可见,家庭康复训练是智力落后儿童早期康复训练的重要组成部分。

(三)在专业训练人员的指导下,参与早期训练与指导

首先,智力落后儿童除接受康复训练的时间外,几乎所有剩余时间都是和家长在一起的,家长对儿童有全方位的了解和把握,因此,要充分地利用家庭的时间、空间和人员,争取取得最好的康复效果。

其次,个别化教育是智力落后儿童早期训练最有效、最适合的教育方式。家长直接地参与个别化教育计划的制订、实施、评估,可有效地提高个别化教育的教学效果,促进智力落后儿童的良好发展。

三、社区训练与指导

(一)重视社区力量,发挥协同作用

在智力落后儿童的早期训练与指导中,社区的力量是不容忽视的。首先,社区具有人员流动大、信息传播快的特点,因此,可充分地利用社区的便利进行疾病预防和特殊儿童早期训练相关知识的普及与宣传活动;其次,开展帮扶活

动,利用社区的现有资源,对随班就读智力落后儿童进行个别辅导,促进其快速发展。社区不定期邀请顾问到活动中心给相关人员进行讲座、指导与咨询,普及特殊儿童教育知识,争取特教工作由经验育人向科学育人转变。

(二)发挥居委会及社区老师的纽带桥梁作用

对于家庭教育中出现的难点问题,学校应争取居委会和社区老师的支持,协助学校出面解决,在学校和家庭中架起一座沟通的桥梁。积极带领智力落后儿童参与社区开展的各项社会公益活动和体育活动。让智力落后儿童在活动中感受社会的关爱、群体生活的乐趣,拉近和普通孩子的距离,和他们一起健康成长。

思考与练习

1. 简述智力落后儿童的分类及成因。
2. 简述智力落后儿童的评估内容与发展特点。
3. 简述智力落后儿童的教学原则。
4. 结合实际谈一谈如何进行智力落后儿童的保育。

第八章 言语和语言障碍儿童的教育与保育

学习目标

1. 了解言语和语言障碍的定义、分类及成因。
2. 掌握言语和语言障碍儿童的评估与发展特点。
3. 掌握言语和语言障碍儿童的学习特点与教育策略。
4. 了解言语和语言障碍儿童的保育。

语言是人类交往过程中最直接、最重要的工具,与人类的生活、工作有着密不可分的关系。对于大多数儿童来说,只要成人提供良好的语言学习环境,他们的语言便能够获得正常的发展。但是,也有一些儿童因为各种原因而出现言语和语言发展障碍,不但大大降低了儿童的生活质量,而且影响了他们心理的健康发展、文化知识的学习以及未来的社会定位。让言语和语言障碍儿童进行适当的矫治和康复训练,帮助他们克服由于语言障碍产生的交往、情绪和个性方面的问题,使他们更好地适应社会生活,这是特殊教育工作者义不容辞的责任。

第一节　言语和语言障碍概述

一、言语和语言障碍的定义及分类

（一）言语和语言障碍的定义

言语和语言是相互关联又互相区别的两个概念。言语是人运用语言这种符号系统与他人进行交往或者独立进行思维活动的过程，属于个体现象。语言是一种符号系统，是人们交流思想的工具，属于社会现象。言语活动过程包括感受和表达两个方面，听别人讲话和看书面文字是言语的感受活动过程，自己说话和写字是言语的表达活动过程。

言语障碍是指理解或运用语言的能力有缺陷，不能正常进行语言交往活动。语言障碍是指个体具有的语言学知识系统与其年龄不相称，落后于正常发展水平。在日常生活中，言语障碍和语言障碍常被统称为言语和语言障碍，或者是语言障碍。在中国法规性文件中使用语言残疾一词，并将其定义为："各种原因导致不能说话或语言障碍，从而难以同一般人进行正常的语言交往活动。"

（二）言语和语言障碍的分类

1. 发音障碍、流畅性障碍、声音障碍和语言障碍

根据交际者的言语行为将言语和语言障碍分为发音障碍、流畅性障碍、声音障碍和语言障碍。

（1）发音障碍

又称构音障碍，指在发音过程中发音器官协调运动障碍而导致的发音失准，以至影响到交流的正常进行。

(2)流畅性障碍

又称口吃,世界卫生组织将其定义为言语节奏紊乱。流畅性障碍主要指在连续话语过程中的韵律失调,表现为节律、语速的失当。

(3)发音障碍

在发音过程中,发音器官构造异常或运用不适当而导致的嗓音或鼻音障碍。

(4)语言障碍

在言语过程中的语码筛选或转换障碍。这种障碍不同于发音器官、话语节律等表层的障碍,而属于深层障碍。包括:词语理解和使用障碍、语意理解和表达障碍、语法和语言运用错误等。

2. 发展性语言障碍和获得性语言障碍

根据交际者障碍发生的时间,可将语言障碍分为发展性语言障碍和获得性语言障碍。

前者为儿童丧失了学语的能力,后者为儿童丧失已获得的语言的能力,二者是有区别的。

3. 原发性语言障碍和继发性语言障碍

根据语言障碍的发生与儿童发育之间的关系,又将语言障碍分为原发性语言障碍和继发性语言障碍两类。

(1)原发性语言障碍

指儿童除有明显的交流障碍外,其他发育均属正常。这是一种特殊的语言障碍。目前很难用生理或心理问题对该障碍做出合理的解释。

(2)继发性语言障碍

指儿童本身存在着智力、脑损伤、癫痫等疾病,继而引发的语言障碍,语言障碍是其众多障碍中的一个。

二、言语和语言障碍的成因

(一) 生理因素

指患儿的言语和语言障碍有明显的生理疾病。据统计,在言语和语言障碍的发病人群中,有40%以上是因生理缺陷所致。对于这类障碍,医学治疗往往能起到积极的作用。

(二) 心理因素

健康心理的有效支持是保障交流顺畅进行的基础。如果一个人出现了心理方面的障碍,就必然影响交际的进行。如患有抗拒症、孤独症、口吃等疾病的儿童,绝大部分都会因心理的障碍出现交流中的情绪困扰,或因自卑而过度紧张,结果产生更严重的交流障碍。这已成为该类儿童语言发展迟缓或无法形成正常言语技能的一个重要原因,而情绪常常受到压抑的儿童又极容易产生口吃。

(三)智力因素

智力和语言能力的高相关性已被众多研究者所认可。智力水平低的儿童认知能力低下,不善于听辨观察、记忆,再加之长期以来语言刺激的严重不足,说话练习机会少,明显表现出词语贫乏,无法把握句子间的逻辑关系,导致其理解与表达产生困难,造成语言障碍。

(四)环境因素

语言环境的优劣也直接影响儿童的语言获得与发展。儿童的语言环境主要由家庭生活环境和学校教育环境两个部分构成。家庭是儿童早期学习语言的场所,家庭所有成员的语言范式、语言刺激都直接影响儿童语言的获得与发展。因此,对儿童来说,良好而丰富的语言环境能促使儿童语言的健康发展。而不良的语言环境则很可能导致儿童的语言发展产生障碍。

(五)遗传因素

遗传对语言障碍产生的影响是近些年提出的。专家研究显示,在语言障碍的高发人群中,遗传有着显著的特征。总的来说,语言障碍儿童约20%有一级亲属的某类语言或与语言有关的障碍,而在普通儿童中其发生率仅为3%。

对所有的言语和语言障碍者观察分析发现,仍有相当一部分人无法从我们所列举的几个因素中做出合理的解释。即对于一些个体来说,上述因素并不能解释其语言障碍的原因。因此,有专家提出,对于言语和语言障碍的分析不能从单一因素的分析入手,必须结合多个因素进行。

第二节　言语和语言障碍儿童的评估与发展

一、言语和语言障碍儿童的评估

(一)构音障碍儿童的评估

构音障碍儿童的评估中,教师可以协助专业评估人员收集有关儿童构音器官和发音能力、听音器官和听音能力的相关资料。

1. 构音器官和发音能力的检查

教师应观察儿童的构音器官,如嘴唇、口腔、舌头等是否存在明显问题。教师可以自行设计或借鉴一些构音障碍测验,评价儿童的发音能力。教师在进行记录时不仅要注明儿童发音的正确和错误,还应注明异常构音的类型,测验可以由多位老师共同记录,并配以录音,以便核查。

2. 听音器官及听音能力的检查

首先,教师要留意有言语和语言问题的儿童的听觉器官,观察它是否有一些明显的问题。同时,教师还可以通过一些简单的方法来判断儿童是否存在听力问题。

其次,教师还要检查儿童的听音能力,即听辨能力,既包含对他人的发音的感知能力,也包含对自己的发音的感知能力。

此外,教师应及时与家长沟通儿童的言语问题,及早将儿童转介到语言治疗师及其他专业人员处进行专业的评估。

(二)声音障碍儿童的评估

声音障碍儿童的评估通常根据儿童所表现出来的音调、音量、呼吸及音质等特征,再结合个体的年龄、性别及发声环境等综合因素来考虑。教师需要观察儿童声音障碍的常见症状,比如嘶哑、失声、呼吸情况、异常音调,或声音过大或过小。

(三)流畅性障碍儿童的评估

对流畅性障碍儿童的早期鉴别十分重要,早期的鉴别可以避免儿童发展成慢性口吃。儿童早期的一些信号需要教师和家长注意:在大部分的说话情境中,不流畅的口吃现象占总字数的10%以上,且持续六个月,愈来愈严重;说话中出现不适当的中断,平均持续两秒以上;经常表现出拖长音和重复,且常重复三次以上;伴随很多怪异的动作;儿童已经产生负面情绪,如曾因说话不流畅而生气,或因害怕说话而逃避说话;在不流畅出现时,眼睛不敢看对方;父母态度不正确,如过分焦虑、紧张、谴责儿童说话不流畅或亲子关系不佳。

在整个评估过程中,特别要检查儿童口吃发生前后具体发生的事情,要对整个环境做一个评估。当然,所有的这些评估工作应由专业人员进行,教师和家长则是主要的信息提供者。

二、言语和语言障碍儿童的发展

(一)言语和语言障碍儿童的生理发展

一般而言,言语和语言障碍儿童的身体发育比较正常,在体重、身高、动作协调等方面,言语和语言障碍儿童与普通儿童没有明显的差异。而某些发音器官异常、脑瘫、听觉障碍等因素造成言语和语言障碍的儿童,除语言问题外,还可能在视觉、听觉、运动、智力和学习成就等方面出现障碍或问题。另外,言语流畅性障碍儿童有明显的言语器官肌肉组织的抽搐或痉挛,而为了克服言语障碍,言语流畅性障碍儿童,会表现出一些特殊的行为,如为了缓解紧张状态,儿童用手拍腿或用脚用力跺地,当发生强直性抽搐时用头、手、脚甚至全身做出其他动作；而器质性发音异常儿童在生理方面的特征就更加明显，很多此类儿童可能存在急性或慢性咽喉炎，声带结节等。

（二）言语和语言障碍儿童的心理发展

1. 认知发展

很多研究者认为，言语和语言障碍儿童的认知或多或少会受到影响，得出这种结论的人所持依据是，语言是认知处理或思考必须使用的中介符号，所以学龄前儿童如果有言语和语言障碍，其认知受到的影响更甚。另外，言语和语言障碍儿童在智力测验上一般成绩都不理想，尤其是在语文智力测验方面，究其原因，应该是言语和语言障碍影响了其认知的发展，从而出现了接受信息、组织信息、提取信息、比较信息特征等方面的困难。

2. 思维发展

语言发展受到限制的言语和语言障碍儿童的思维也必然受到一定的影响。主要表现在：

（1）言语和语言障碍儿童的思维以形象思维为主，抽象思维的发展速度和发展程度落后于普通儿童，并且带有直观性的特点。但是随着语言的发展和经验水平的提高，其抽象思维也会随之提高，甚至达到普通人水平。

（2）思维要求高度的概括，而言语和语言障碍儿童本身语言不流利、发音困难，要用语言进行高度概括就更加困难，甚至不能概括，因而其思维能力必定受到极大限制。所以言语和语言障碍儿童普遍存在思维能力低、概括能力弱等特点。

3. 人际社会化发展

言语和语言障碍儿童在与他人交谈时，常常出现无法将话题维持下去、无法提供适当与足够的信息、无法开启话题、无法扮好适当听者与说者轮替的角色等问题，在这种情况下，言语和语言障碍儿童就会产生恐惧、紧张、自卑等心理，与他人交往的主动性和自觉性就会越来越差，从而逐渐形成自我封闭，这种状况又会使其减少对周围事物的接触，致使认识能力逐步减弱，如此恶性循环下，言语和语言障碍儿童交际技能得不到很好的发展，儿童的语言越来越贫乏，语言的发出和接受能力也就越来越差。儿童与他人的交往受阻,也就必然影响儿童人际社会化的发展。

4. 情绪和个性发展

有言语障碍的人,在与他人交际中多少会引起对方的注意,甚至会令人产生不适感, 因此,很多人会拒绝和言语和语言障碍者交谈,而言语和语言障碍儿童更有可能出现被模仿、被取笑这类现象。言语和语言障碍儿童本来就会因自己的问题而害怕讲话,而周围偏激的行为更会使他情绪和个性方面出现心理异常,如自卑、焦虑、胆怯、退缩、孤僻等,甚至当意识到自己或自己的言语行为受到他人贬低时,部分言语和语言障碍儿童为了维护自己的自尊,会采取攻击的方式,这将导致其社会交往过程中的一系列问题。

需要说明的是,年幼的言语和语言障碍儿童可能对自己的障碍并不自知,也无所谓挫折感和焦虑。但是,随着年龄的增长,他们会从外界反馈的信息中评价自己的能力,也正是在这个过程中,逐渐产生压力感和焦虑感。

第三节　言语和语言障碍儿童的学习与教育

一、言语和语言障碍儿童的学习

(一)学习缺乏自信

言语和语言障碍儿童本身也会因缺乏自信而害怕讲话,从而导致学习效率低下,并产生诸多心理问题。而这些心理异常问题又反过来影响言语和语言障碍儿童的学习,所以言语和语言障碍儿童的学习问题,一般来说是全面多样的。这类儿童既需要进行较长期的言语和语言障碍的矫正训练,又需要一个有利于克服心理障碍的良好氛围。

(二)学习主动性差

言语和语言障碍儿童总是摆脱不了心理障碍的重压,学习中时时表现出消极漠然的心态，缺乏应有的主动性和积极性。由于语言障碍的影响，他们在学习过程中受到诸多限制，虽几多努力，却往往处处碰壁，于是失望和挫折造成的心理上的伤害加剧了他们对现实的消极态度，不管他们接受与否，障碍的阴影不仅使他们在情感上对自己的认知能力感到失望，甚至在理性上也对一些“可为而不为”的处世态度给予一定的肯定。因此，不少时候，他们缺乏明确的学习动机，对待学习活动缺少应有的激情和兴奋。

（三）学习成就感低

言语和语言障碍儿童的学习成效要落后于普通儿童，整体学业水平较低。比如言语和语言障碍儿童在词汇学习、词语搭配、语义网络组织方面会面临较大的困难，而造成语义发展问题。语义能力的缺陷除了会影响其人际沟通外，也会影响学习的成效。表现为在学业上成绩落后。

（四）读写发展受到较大影响

因语言能力的缺陷，言语和语言障碍儿童除了在语言的学习和发展上有较大困难外，还会存在阅读、写作和听讲困难的问题。由于听、说、读、写能力源自同一语言认知系统，而系统的组织与形成又来自听、说、读、写技能的运用。虽然口语与读写能力常常被认为来源于不同的系统，但是，若从其发生和发展过程来看，同样需要符号的提取、组织、链接这一系列过程。因此，若口语发展有问题，则有可能影响阅读；而当阅读能力较低或阅读出现障碍，又会反过来影响语言的应用及学习。因此，言语和语言障碍儿童可能就会深陷于这种恶性循环的语言读写发展过程中。

二、言语和语言障碍儿童的教育

（一）教育内容

针对不同类型、不同语言发展水平的言语和语言障碍儿童，其教育目标和内容各有所侧重。例如，针对构音障碍儿童，在进行语言训练时多侧重感觉运动技能训练、辨别或感觉训练、语言训练；针对声音障碍儿童的训练，多从吸气、吐气、成声、发音、放松等方面着手，改善其嗓音问题；针对流畅性障碍儿童，则偏重情绪的调节、流畅性言语的塑造等方面;针对语言发展迟缓等语言障碍的儿童教育应包括认知训练、语言训练等方面。因此,教师需要在分析与评估他们各方面能力表现的基础上,选择适合的教育内容。

(二)教育策略

1. 自然主义的语言干预策略

自然主义的语言干预强调在自然环境中横跨所有活动,贯穿儿童一天的语言学习活动。在这种语言干预中,随机原则是其核心原则之一,即利用环境中自然发生的强化物,及时给予儿童创造语言学习的机会。儿童可能正在寻求信息、帮助、材料、反馈或安心。这表明成人可以运用一个自然发生的强化物,如孩子对材料、信息或成人注意的需求,来创造一次简短的临时学习的机会。这种教育机会堪称完美,因为这时的学习是建立在儿童的兴趣和需要的基础上。儿童与教师接触得越频繁,教师教的机会和儿童学的机会就越多。因此,教师应鼓励儿童与外界多接触。

2. 直接教育策略

言语和语言障碍儿童包括不同的类型,针对存在不同言语和语言问题的儿童,教师也可以使用一些有针对性的干预策略。

(1)构音障碍的直接干预策略

①感觉运动技能训练。这种训练的目的是让儿童具有熟练的感觉运动技能,训练的重点是各种构音动作。训练者将目标音分解成若干或一连串的动作之后,再逐一让儿童模仿这些动作。感觉运动技能训练可以穿插在各个语言训练内容中,如呼气训练、舌操训练。

②辨别训练。构音障碍儿童往往在辨别语音差别方面存在困难,因此,一般在语言训练中要加强儿童的听觉辨别能力,特别是语音辨别能力。为了更好地帮助儿童掌握发音时口腔的动作,教师可以借助镜子、图片和多媒体演示等方式帮助儿童学习口腔内的运动方式和状态。

③语音训练。语音训练的整个过程都要遵循循序渐进的原则,一般先学习发单个音,然后是音节、词语、词组,最后是句子。在任何一个阶段的训练中,教师可以先给儿童一个正确的用以模仿的目标音,然后让儿童进行模仿。

若发现儿童的发音动作不正确，则需要再进一步转入上述感觉运动技能训练、辨别训练和语音训练阶段重新进行训练。

（2）声音障碍的预防和直接干预策略

声音方面的问题很大一部分原因是儿童滥用声带或者误用声带。因此，作为教师，要尽可能帮助儿童养成良好的发声习惯。

①预防策略。要预防声音障碍，养成良好的发声习惯。首先，要让儿童认识什么样的声音是良好的声音；其次，帮助儿童养成良好的发声习惯。

②干预策略。对于有声音障碍的儿童，如果评估中发现儿童有生理结构的病理性变化，首先应进行医学方面的治疗，以便尽可能消除声音障碍的器质性原因。如果儿童的声音障碍是功能性的声音障碍，即不存在器质性病变，教师应首先了解是什么造成儿童出现声音问题，障碍的表现有哪些。如果是心理因素影响儿童的声音状况，就需要对儿童进行心理疏导或咨询，教师可以将儿童转介至专门的心理咨询中心，为儿童提供各项心理咨询服务。对于儿童的声音训练，教师可以从吸气、吐气、成声、发音、放松五个方面来进行。

（3）流畅性障碍的干预策略

流畅性障碍的教育和干预根据障碍的不同发展程度而有所不同。对于学龄前儿童而言，他们一般处于初期口吃阶段，这些儿童大多数时候能够流畅地说话，只是常会重复一些音节，延长一些音，他们往往不知道自己有口吃的现象，也很少语言担心口吃。在实际生活中，家长和老师需要注意的是，不要对儿童的语言提出太高的要求，不要给儿童的语言表达施加太大的压力，引导他们说话时语速不要太快，使用简单的、短小的语句。

（4）语言障碍的直接干预策略

①认知干预。语言的发展必须建立在认知发展的基础上，儿童的认知能力是语言获得的先决条件，儿童的语言训练首先要从认知训练开始。因此，训练主要是鼓励儿童玩各类玩具或摆弄多种物品，多接受环境刺激，以便让儿童从不同角度认识事物。

②语言训练。语言训练的内容包括词汇、语法和语言应用训练。训练内容的选取要充分考虑儿童的兴趣、语言需求，遵循循序渐进的原则，从简单到复杂。词汇训练主要让儿童了解一些词的符号，可以采用图片实物、镶嵌板的形式进行。当儿童词汇不断增加后，教师就可以开始进行语法训练，训练儿童选择词语组成句子，开始可以是简单地将人、动词、事物连接起来，然后逐渐增加

一些修饰语，如形容词、副词，可以根据儿童的语言需要随机训练各种类型的句子，但是训练要符合儿童句法发展的顺序。语言应用训练就是语言交流训练，训练的内容可以根据儿童沟通的意图进行选择。

3. 同伴干预策略

儿童的同伴也可以参与到语言训练和干预计划中。因为语言本质上是一种社会行为，它的进步需要儿童所处社会环境中其他人的参与，既包括成人又包括同伴。当游戏时引导儿童发展同伴关系，促进言语和语言障碍儿童的语言发展。

社会戏剧表演也是在同伴干预中常用的策略。教师可以设定一些社会情境，让言语和语言障碍儿童与同伴组成小组，进行角色扮演。

第四节　言语和语言障碍儿童的保育

家长对儿童的成长有很大的影响，对特殊儿童来说尤其如此，在教育特殊儿童的过程中，需要家长参与其中，随着特殊教育的发展，人们愈来愈认识到这一点。家长是儿童最初的教师，在儿童语言获得过程中起着举足轻重的作用。语言发展良好的儿童，往往并不是比别的儿童更聪明，更具有语言天赋，而是家长通常有更多的时间和他们在一起，使他们有更多的机会获得丰富的语言经验。家长的不当教育则可能直接引起儿童的发育障碍，许多来自家庭教育环境不利的儿童，显示出语言发展欠佳的倾向。

对儿童来说，语言学习是随时随地进行的，家庭是儿童生活的主要场所，家长需要利用家庭环境中语言学习的有利因素，将矫治从幼儿园扩大到家庭。

一、对言语和语言发展障碍儿童的家长指导

当家中有言语和语言发展障碍的儿童，家长往往会有不能接受、焦虑、不知所措等表现。如果这些家长得不到及时的指导和帮助，可能会出现教育训练不适当或放任自流的现象。因此，家庭指导尤为重要，应对有语言发展障碍儿童的家庭尽可能地提供具体指导，帮助家长开展家庭康复训练。

(一)树立正确的心态

作为家长,发现儿童有问题时,应克服自身心理上的不良反应。首先,调整好自己的心态,对特殊儿童应保持良好态度,要对其有信心,绝不能放弃不管。其次,语言障碍儿童往往有一定程度的情感失调,家长应努力使其克服这一点,要多鼓励他们,培养其积极性,营造轻松的家庭气氛,这对预防和改善儿童的障碍非常重要。再次,对儿童寄予过高的要求,也不利于儿童的成长,如某些家长对儿童的语言要求过于严格,给儿童带来极大的精神压力,容易造成儿童口吃。最后,家长对儿童的溺爱也会造成儿童发展不利,有学者认为,儿童说话迟滞的原因可能是儿童并无讲话的需要,家长企图预知儿童的每一种需要,儿童就没有必要再要求什么。

(二)提供良好的环境

适宜的环境是促进儿童语言良好发展的必要条件,家长要提供正确的、丰富多彩的语言刺激,避免不正确的语言示范。家长缺少与儿童的交谈,没有给他们充分的语言发展机会,会造成儿童语言发育迟缓或语言经验不足。家长可以和儿童一起进行各种活动,在活动中促进其语言发展。家长还应提供儿童与同伴交往的机会,使他们在交往中学习语言运用。

(三)组织家庭其他成员共同教育

家庭中往往还有祖父母等其他成员,他们和儿童关系非常密切,对儿童所产生的影响不容忽视,在矫治中家长应注意利用所有有利因素。现实生活中,祖父母更容易溺爱和纵容儿童,家长应做好他们的工作,在教育态度与方法上保持一致。

二、学龄前语言障碍儿童家庭教育方式

在家庭中进行语言障碍矫治,其方式一般有以下几种。

(一)结合周围环境

语言干预必须在自然环境中实施才能取得预期效果,家长应该结合周围环

境中丰富的语言学习资源来促进儿童理解概念，巩固词汇，提高语言表达水平。

（二）利用多媒体、阅读图书及户外活动

据有关研究，多媒体有利于儿童的语言发展，家长要为幼儿选择合适的节目，培养幼儿观看的兴趣，并适时地加以指导；还可以让幼儿听录音故事，为他们提供有趣且能促进语言发展的读物；家长还应多带儿童去儿童乐园、商场、菜市场及电影院等地方，丰富其语言经验。

（三）贯穿于日常生活中

家长应努力把握说话的机会，鼓励儿童将他们习得的语言与行为应用于日常生活中，以增进语言治疗成效。如早晨洗脸时，可以让儿童练习说洗脸的“脸”，刷牙时说挤牙膏的“挤”，在吃饭时则可以说“饭”“菜”等字词。对于有听觉损伤的儿童，家长要利用家庭环境中的声音对儿童进行听力训练，如母亲给儿童唱歌，提醒儿童注意洗衣机等多种刺激源。

（四）利用游戏

利用游戏是语言矫治的一种良好途径，家长和儿童可以开展医院、商店等角色游戏，让儿童在不知不觉中学习各种社会角色的语言。此外，一些专门的语言游戏，如民间儿歌、绕口令，可以有效地矫正儿童的发音，并激发儿童说话的兴趣。

纵观整个特殊教育的发展历史，家庭一直发挥着重要的作用，这一领域的许多成就是靠专业人员和家长共同努力才取得的，家长不只是特殊儿童权益的护卫者，更是特殊教育工作的监督者和实施者。学龄前言语和语言障碍儿童教育是一种完整的、严密的系统，家庭教育是其中一个极其重要的环节，在依靠教师进行矫治的同时，应不断探索家长在特殊儿童教育中所发挥的作用，有效利用家庭教育资源，通过一切有利的途径，给予特殊儿童适宜的帮助。

思考与练习

1. 简述言语和语言障碍的分类及成因。
2. 简述言语和语言障碍儿童的发展特点。

3. 简述言语和语言障碍儿童的教育策略。

4. 结合实际谈一谈如何进行言语和语言障碍儿童的保育。

第九章 情绪或行为障碍儿童的教育与保育

学习目标

1. 了解情绪或行为障碍的定义、分类及成因。
2. 掌握情绪或行为障碍儿童的评估与发展特征。
3. 掌握情绪或行为障碍儿童的学习特点、教育内容及教育策略。
4. 了解情绪或行为障碍儿童的保育。

情绪或行为障碍是特殊教育领域中正面临的挑战,也是早期儿童教育领域中一个极为棘手的问题,相信许多幼儿教师都面临着此类挑战和压力。尽管在许多学前儿童身上出现行为问题,我们却很难说这个孩子就有情绪或行为障碍。为了避免将儿童这种行为问题或情绪问题变成一种学龄期乃至青少年期的持续性的、较严重的问题,学前阶段的干预是十分必要的。

第一节 情绪或行为障碍概述

一、情绪或行为障碍的定义及分类

(一)情绪或行为障碍的定义

1957 年,Eli Bower 较早地提出情绪障碍的定义,一些国家采用情绪失调、精神障碍、心理障碍等不同的术语来描述情绪障碍。美国的《残疾人教育法》(*Individuals with Disabilities Education Act*,缩写为 *IDEA*)中采用"严重情绪障碍"这一术语。由于"严重情绪障碍"的含义受到较大非议和批判,美国心理健康与特殊教育联合会(National Mental Health and Special Education Coalition)提议用"情绪或行为障碍"来代替"严重情绪障碍"这一术语。*IDEA* 的情绪障碍定义为:情绪障碍儿童具备以下一种或多种特征,并持续较长的时间,程度较为严重,已经对学业和生活产生了不利的影响,并且包括精神分裂症。这些特征主要包括:表现出学习障碍,但不能以智力、感官或其他健康因素来解释;无法与老师及同伴建立和维持良好的人际关系;在正常的环境条件下有不恰当的感受和行为表现;心境常常表现出一种弥散性的沮丧和抑郁;当个人和学校生活中遇到困难时,有出现生理症状或恐惧的倾向。但是,这个定义并不适合社会适应不良儿童。为此,美国心理健康和特殊教育联合会提倡使用以下定义。

1. 情绪或行为障碍表现出以下一些症状:

(1)在学校日常生活中的情绪或行为反应与同龄人的平均水平,以及同一文化背景、同一种族的平均水平相比差异很大,而且,这种反应对学习成绩、社会适应、职业技能和个人技能的发展都有极为不利的影响;

(2)对周围环境中有压力的事件,表现出非暂时性的过激反应;

(3)在两种不同的环境中表现出一致的障碍,至少其中之一是在学校;

(4)对普通教育的直接干预的反应效果很差,或者说普通教育的干预对这种儿童来说是非常不充分的。

2. 情绪或行为障碍可能与其他障碍并存。

3. 情绪或行为障碍可能伴随精神分裂症、情绪失调、焦虑症，或其他行为或适应上的持续性障碍，并且这些疾病对儿童的教育产生负面影响。

在我国人们普遍认为，儿童的情绪或行为障碍是指儿童持续性地表现外向性的攻击、反抗、冲动、过动等行为，内向性的退缩、畏惧、焦虑、忧郁等行为，或其他精神疾病等问题，造成个人在生活、学业、人际关系和工作等方面的显著困难，而需要特殊教育与相关服务。但是，我国目前对情绪或行为障碍的研究还不够深入，没有形成明确的定义。

（二）情绪或行为障碍的分类

研究者们给情绪或行为障碍确定出两个主要维度：外化行为与内化行为。外化行为是指攻击他人的行为；内化行为是指心理或情绪冲突，如抑郁、焦虑。个体的行为可以同时出现这两个维度的特征；两个维度之间并非互相排斥的。儿童或青少年会表现出一些与内化问题有关的行为，如维持注意力集中的时间短、注意力差等，和一些与外化问题有关的行为，如打架、破坏性行为、骚扰他人等。情绪或行为障碍儿童往往会表现出多种行为问题。

也有研究把情绪或行为障碍分为焦虑症、情绪障碍、对抗挑衅、行为障碍和精神分裂症五种类型。

二、情绪或行为障碍的成因

（一）生物因素

许多研究结果表明，基因的变化可能是人的行为改变的一个重要因素。染色体的变异可能引起严重的行为问题。有两种类型的情绪或行为障碍与基因很牢固地联系在一起：抑郁症和精神分裂症。

关于脑外伤、神经功能和内分泌异常的一些研究表明，某些情绪或行为障碍儿童的脑电波和普通儿童相比有异常现象。此外，严重的营养缺乏也可能导致情绪或行为障碍。随着科学的进步，越来越多的情绪或行为障碍的生理方面的病因被发现，研究还发现可以通过药物对它们进行有效的控制。

(二)环境因素

1. 家庭因素

影响儿童情绪或行为障碍的家庭因素有如下几种:

(1)家庭不完整。父母离异或父母早逝等情况造成儿童的家庭不完整,家庭的教育功能不能很好地发挥,这些家庭状况很容易造成儿童的情绪或行为障碍。

(2)家长本身的情绪或行为障碍。家长如果有酗酒、赌博、吸毒、行凶、偷窃等劣行,势必会不同程度地影响儿童的身心发展。

(3)家庭成员之间感情冷漠。这类家庭最主要的特征是缺乏家庭温暖,家庭成员之间缺乏良好的情感上的沟通。这样,儿童在情感上的需要得不到相应的满足,从而会妨碍儿童情感的发展和良好的行为模式的建立。

(4)家庭教育方法不当。溺爱会影响儿童行为控制能力的发展,过于苛刻和严厉则会增加儿童的焦虑,形成双重人格。

2. 学校因素

有些儿童可能在入学前就已经有情绪或行为障碍,而有些儿童则会在入学后因为班级中某些特殊经历发展出情绪或行为障碍。有些儿童会因为教师的管理,行为问题有所改善,而有些儿童则会更为严重。儿童的气质、社会能力与同伴和教师的行为相互作用,从而导致情绪或行为问题。

在学校教育环境中,教师的态度和同学之间的关系对儿童情绪或行为发展的影响最为明显,教师的偏见和同学的疏远或捉弄嘲笑最易助长这类儿童消极的情绪或行为。同时,教师应该考虑自身的一些行为、管理方式、教学方法等问题是否会导致儿童的不良行为。

3. 社会因素

任何家庭、学校都不可能离开社会这个大环境而独立存在。因此,社会环境也在不同程度上影响着儿童情绪或行为的发展。国外已有的研究表明,凡是经济萧条、失业率上升、社会治安条件差的时期,学校中儿童出现情绪或行为问题的比率也有上升的趋势。

此外，科学技术的进步，传媒和娱乐设施的增多，互联网在人们生活和工作中的扩展，多元文化和多元价值观的出现，也容易增加儿童的内心冲突，导致情绪或行为障碍的滋长。

第二节　情绪或行为障碍儿童的评估与发展

一、情绪或行为障碍儿童的评估

（一）评估内容

1. 智力测试

通常采用韦氏儿童智力量表或其他具有较高信度与效度的智力量表，来测量儿童的智力水平，了解儿童受测时的神态和反应。智力测试可着重了解儿童的认知发展水平，如知觉、记忆、推理判断能力等。

2. 情绪测试

使用情绪测定量表、图片投射和人格测试量表来测量儿童情绪的稳定性、焦虑程度、自我中心的倾向和自控能力，以及人际关系和社会认知水平等（见表9-1）。

表 9-1 儿童社交焦虑量表(SASC)

条目使用3级评分制:0-从不是这样;1-有时是这样;2-总是、一直是这样			
1. 我害怕在别的孩子面前做没做过的事情	0	1	2
2. 我担心被人取笑	0	1	2
3. 我周围都是我不认识的小朋友时,我觉得害羞	0	1	2
4. 我和小伙伴一起时很少说话	0	1	2
5. 我担心其他孩子会如何看待我	0	1	2
6. 我觉得小朋友们取笑我	0	1	2
7. 我和陌生的小朋友说话时感到紧张	0	1	2
8. 我担心其他孩子会如何说我	0	1	2
9. 我只同我很熟悉的小朋友说话	0	1	2
10. 我担心别的小朋友会不喜欢我	0	1	2
评分结果:0~5分:充满自信;6~8分:有时不自信;9~12分:不自信;>12分:退缩倾向(6岁以下儿童,可由教师读给儿童听,让儿童自己做判断)			

3. 学习能力测试

该测试可以使用学习能力测试量表、阅读能力测试量表、记忆能力测试量表等评定儿童的各种学习能力,如计算能力、推理能力、表达能力、手眼协调能力及学业成就等。

4. 社会成熟水平测试

社会成熟水平测试通常采用有效的社会成熟量表来测试儿童的社会认知水平、生活自理能力、交往能力、社会沟通能力等。

(二)评估应注意的问题

1. 评估中所确定的问题是否被儿童本人所接受

如果评估小组所确认的问题并不为情绪或行为障碍儿童本人所认同,就有可能失去他们的配合，那么，所有的干预策略和付出的努力，都有可能会失去意义，甚至没有价值。因此，评估结果要确保准确，同时，还要与儿童本人进行交流，争取他们的认同与配合。

2. 要给予儿童充分的理解、接纳和尊重

评估员与儿童的沟通和交流非常重要。评估员不要去评价他们的经历和感受是否正确，而要尽最大的努力使他们相信："这里有一个人确实很关心你。"给予儿童充分的接纳和尊重，并且让儿童能够感受到。

3. 提供解决问题的方法和途径

在评估之后评估员应对相关内容进行反馈，并且提出解决问题的适当方法和建议。可以从以下三个方面提供积极支持：

(1)寻求环境的支持。包括确定所有能够为儿童提供及时的支持和帮助的个人、团体和有关的机构等。让儿童知道，现在和过去有哪些人能关心他们。这是提供帮助的最佳资源。

(2)调动应对机制。帮助儿童制订能战胜目前的危机和不利因素的行动计划，分析实现行动计划的有效策略和可以利用的环境资源。

(3)建立积极的、有建设性的思维方式，改变儿童对问题的看法，以利于问题的最终解决。

二、情绪或行为障碍儿童的发展

情绪或行为障碍儿童在智力、成就、生活环境以及情绪或行为特征上都有着明显差异。从情绪或行为障碍的两个主要维度：外化和内化，来描述这类儿童的特征，其中，外化维度的主要特征是攻击性、冲动性行为；内化维度的特征则是焦虑、退缩行为和抑郁。

攻击性、冲动性的外化的行为障碍是情绪或行为障碍儿童最常见的问题。但是，焦虑、退缩或抑郁这些内化的特征同样不容忽视。这些障碍不仅会对儿童期的个体产生严重影响，而且也预示着其成年后心理健康状况更差。

情绪或行为障碍儿童在社会适应、言语表达、兴趣与注意力、日常生活和人际关系等方面存在与普通儿童明显不同的特征。

（一）社会适应方面

情绪或行为障碍儿童控制能力较弱，常发脾气，对外在事物表现出漠不关心、经常喜怒无常，且不合情境及时宜，如自伤、攻击、破坏等行为；他们常会重复做一些不自觉而可能有象征意义的举动，这些自我刺激的举动，渐渐会成为习惯性的动作很难加以控制；大多数情绪或行为障碍儿童可能出现退缩行为，表现出社会性孤立，很少与同伴玩耍，缺乏玩乐的能力。

（二）言语表达方面

大多数情绪或行为障碍儿童表达能力欠缺，经常说些与情境无关的事情，常会用显著尖锐或特别低沉的音调讲话。许多情绪或行为障碍儿童难以理解和使用社会情境中的语言，表现出言语和语言障碍。

（三）兴趣与注意力方面

大多数情绪或行为障碍儿童无法静坐，被所有事物分心，白日梦过度，不做劳务，记忆力差，注意力短暂，好像没听觉，昏昏欲睡，缺乏兴趣。

（四）日常生活方面

部分情绪或行为障碍儿童自理能力不足，无法料理自己的生活，甚至衣食住行等基本需求，也不晓得清楚地表达及要求。

（五）人际关系方面

多数情绪或行为障碍儿童互动能力欠佳，经常发脾气，攻击他人，通常不受同伴的欢迎，所以无法与周围的人建立较妥善的互动关系。很多情绪或行为障碍儿童更喜欢独来独往，不加入同伴的游戏。他们只对特定的人开口说话，在家喋喋不休地说个不停，到外面却闭嘴不说话。

第三节 情绪或行为障碍儿童的学习与教育

一、情绪或行为障碍儿童的学习

(一)学习坚持性差

情绪或行为障碍儿童因情绪起伏不定,在学习过程中存在注意力不集中的问题,他们难以把注意力高度聚焦在学习内容上。儿童在学习过程中易受干扰而分散注意力,造成目标行为或任务执行中断。所以,情绪或行为障碍儿童在学习过程中表现出较差的坚持性。

(二)学习主动性差

大部分情绪或行为障碍儿童的学习主动性较差。这类儿童在学习的过程中往往因为自身的不良情绪或问题行为,所以任务失败。而当面临这些失败时,他们可能会比其他的儿童产生更大的情绪波动,有些儿童可能表现出攻击性、不顺从、破坏物品等外化行为障碍;有些儿童则可能表现出沮丧、焦虑、抑郁、退缩等内化行为障碍。然而,无论哪种行为表现,都会对儿童的自尊与自信产生消极影响。所以,情绪或行为障碍儿童往往会因为任务失败而怀疑自己,自暴自弃,长此以往就会形成习得性无助,其学习的主动性将受到影响,进而表现出拒绝学习、退缩等问题。

(三)学习合作性差

情绪或行为障碍儿童对合作学习以及其他学习活动反应淡漠,不会协作,主观意识强烈,常常歪曲或不顾及教师和同伴的意见。大多数情绪或行为障碍儿童会存在两种社会关系上的困难:师生关系和同伴关系的协调困难。有外化行为特征的儿童,无法遵守班级秩序,难以集中注意力学习,不能完成合作性作业,而他们的种种表现,又反过来影响他们与教师和同伴之间的关系。内化行为障碍的儿童经常表现出退缩和消极的行为,他们害怕与人交往,不主动参与合作学习,为了逃避与老师和同伴之间的交往,程度严重的儿童甚至会从教室中"消失"。因此,情绪或行为障碍儿童或因外化行为无法与他人合作,或因内化行为被忽视,这些都会使儿童无法正常进行合作性学习。

二、情绪或行为障碍儿童的教育

(一)教育内容

对于情绪或行为障碍儿童而言,学前期这一特殊阶段儿童的社会性或情绪行为的发展具有相当灵活性,也是关键期,所以在这一阶段采取干预措施能够取得较大几率的成功。情绪或行为障碍儿童的教育内容也涉及情绪或行为管理、社会技能、学业技能三个方面。

1. 情绪或行为管理

对于情绪或行为障碍儿童而言,情绪或行为问题是其障碍的根本,因此,教育的重要内容之一就是帮助儿童学会管理自己的情绪或行为。情绪或行为障碍儿童因为没有能力用社会认同的方式表达自己的情感,所以他们会出现大量的、无法被社会接受的不恰当的行为。当儿童自我评价过低、或者试图与一些权威人物作对、或者彻底失去希望时,他们更容易自暴自弃,做出不恰当行为。但是,当他们对自己和自己的能力充满信心的时候,他们就更倾向于用社会认可的、亲社会的行为方式表达情感,更愿意积极地参与学校与家庭的各项活动。故而,教师了解儿童为什么会表现出不良的情绪和不当的行为,才能更好地教会儿童如何管理自己的情绪或行为。

2. 社会技能

许多情绪或行为障碍儿童体验到的困难来自于他们的社会互动。因此,教育的主要内容之一是帮助他们增加社会技能,增强他们积极的社会互动,最终帮助他们体验到友谊,使儿童能够为他人提供支持和帮助,并从同伴那里也获得支持和帮助。

3. 前学业技能

情绪或行为障碍儿童同样会因为情绪或行为的困扰在学业上遇到困难。

因此,教育同样要关注儿童学业技能的获得,对于学前期的情绪或行为障碍儿童而言,前学业技能的学习非常重要,这也是未来他们学业发展的基础。

(二)教育策略

1. 应用行为分析

对情绪或行为障碍儿童最经常使用的一项教育技术就是应用行为分析(Applied Behavior Analysis,缩写为 ABA)。ABA 的最基本理论原则是:所有的行为都是对外部刺激的习得性反应。目标是改变儿童所接受的刺激,以改变儿童的行为。减少或者消除问题行为,增加能促进儿童的情感、社会适应和学业成功的行为。ABA 的六个指导原则包括:

(1)人的行为受其行为结果的控制。例如,幼儿为了获得糖果,表现出哭闹。

(2)积极的和消极的强化均能增强和维持某一行为。例如,奖励孩子糖果,可以增强其上课坐得端正这一行为;同样,当孩子坐端正时,教师就减少孩子课后打扫卫生的任务量。

(3)对维持行为的结果加以抑制会减弱该行为。这个过程被称为条件反射的减弱或消退。例如,幼儿的哭闹行为是为了引起教师的关注,减弱教师对儿童哭闹行为的关注,幼儿的哭闹行为就会减少。

(4)惩罚会使行为弱化。例如,当儿童在课堂上随意讲话时,教师提出警告,其行为就会减少。

(5)行为的结果必须一致地立即出现在其欲控制的行为之后。例如,利用奖励增强儿童上课时遵守纪律的行为,所有的奖励都必须出现在儿童表现出良好行为之后。

(6)行为可以通过一定的模式去增强、减弱或者维持。

ABA 是一种有效的干预措施,但是需要所有人员行为一致才能达到最终效果。这就要求教师、家长以及其他人员都要参与到教育干预过程中,参与目标的制订、干预的实施以及成果的评估。

2. 同伴协助策略

许多情绪或行为障碍儿童无法与同伴建立良好的友谊关系,无法与他人发展良好的人际关系。因此，教师需要给儿童提供特殊的社交技能的指导，包括让儿童认识他人的情绪表现，并做出恰当的反应，帮助识别并有效地解决社会交往问题等。同伴协助策略则是一种帮助情绪或行为障碍儿童有效学习社会技能的有效策略。

同伴也可以成为儿童模仿的对象。幼儿往往通过观察和模仿其他儿童的行为习得许多行为和技能。因此，教师需要为情绪或行为障碍儿童提供恰当行为的模仿对象。为了增进儿童之间的互动，教师可以安排环境以保障情绪或行为障碍儿童能进行互动；引导他们与同伴一起玩；当情绪或行为障碍儿童模仿恰当的行为时应及时进行强化。

3. 环境改变的方法

环境改变的方法主要是指通过儿童生活、学习环境的改变，如家庭境况、幼儿园或班级、周围环境的改变来影响儿童的情绪或行为方式的改变。儿童的情绪或行为反应受到周围环境的影响，并且可以被成人所塑造，因此，要注重环境中的一些因素对儿童行为的影响，及早做好预防，事先阻止严重行为问题的发生至关重要。一般而言，针对幼儿，重要的环境影响因素包括幼儿园、家庭、同伴、老师、社区等。如果老师能够及时发现环境中的不良影响，予以及时的改变和控制，儿童的情绪或行为问题将得以控制。

第四节　情绪或行为障碍儿童的保育

多数情绪或行为障碍儿童的教育表现都不佳，这样的结果有部分的原因与教育系统有关，教育系统无法满足这些儿童复杂的需求，而且必须从他们很小时就开始满足其需求。所以，针对情绪或行为障碍儿童的早期家庭指导显然是十分重要且必要的。

一、情绪或行为障碍儿童的早期发现

早期发现是特殊教育中须遵循的基本原则。情绪或行为障碍儿童与其他类型的特殊儿童一样，同样也需要早期发现。任何行为都有其发展的过程，如

果当某些不良行为还是偶尔出现,尚未形成牢固的行为习惯时,多半可以得到矫正和根除。但若得不到应有的重视和及时的干预,就有可能在日积月累的过程中,由量变引起质变。这些儿童一旦形成了顽固的不良行为模式,任何纠正和改变都要付出很大的代价。但是,由于部分情绪或行为障碍儿童的早期表现不像其他类型的特殊儿童那样明显,加上部分家长对儿童的溺爱和护短,这些儿童常常会失去早期发现和干预的良机。这就需要家长和教师提高对此障碍的认知。

当情绪或行为问题表现还不严重时,早期干预才会产生更好的效果。不过,实际生活中社会和家庭对儿童的该类障碍并没有给予足够的重视,也没有给予及时的干预,而是等到儿童长大了,有了更多的反社会行为,也更难以改变的时候,才惊慌失措地进行干预、阻止和惩罚,这应当引起高度重视。

二、家长在早期发现中应注意的问题

首先,有的家长平时对儿童关心少,对儿童的情绪或行为问题视而不见、置若罔闻,直到儿童有了明显的反社会行为时,才开始重视或进行简单粗暴的惩罚性教育。

其次,个别家长把儿童早期的情绪问题和不良行为,看成是发展阶段中不可避免的现象和过程,错误地认为随着儿童年龄的增长,他们自然会慢慢懂事。

再次,家长刻意回避问题,担心对有情绪或行为障碍倾向的儿童进行早期鉴别并贴上标签,这会让儿童及其家庭受辱,对儿童将来的发展产生负面影响。

最后,家长对使用问卷和量表来鉴定儿童的情绪或行为障碍的科学性抱有怀疑的态度, 对筛选工具的完善性不够信赖,担心儿童被误诊。

三、情绪或行为障碍儿童的矫正

对情绪或行为障碍儿童的治疗,国内外常用的方法很多,在此主要介绍便于家长、教师学习和使用的方法,也就是行为矫正。行为矫正是通过正、负强化的方式来纠正不良行为,建立起新的良好行为模式的方法。行为矫正以正强化为主,负强化为辅。正强化多采用各种形式的表扬和鼓励,负强化则采用批评和惩罚的方法。行为矫正对发展儿童的是非观念,树立信心和增强自我控制能力都有一定的作用。此外,行为矫正方法重视行为的程序性,常把一项复杂的行为分成若干简单的行为,由简单到复杂,按一定的程序进行矫治。这种按部就班地纠正和重建行为模式的方法,对早期情绪或行为障碍儿童的教育,效果尤为明显。

以下介绍几种常用的行为矫正方法:

(一)系统脱敏法

这套完整的行为治疗方法是根据条件反射学说,通过动物实验研究发展而来的。该方法认为,恐惧或焦虑与松弛状态是相互抑制或排斥的,而克制焦虑或恐惧最有效的方式是使肌肉松弛下来。故以逐步的肌肉松弛作为阳性刺激,来对抗焦虑或恐惧情绪,建立了系统脱敏技术。冲击疗法、暴露疗法和厌恶疗法都是系统脱敏法的一种变型。研究认为,当儿童体验到最可怕的恐惧时,他们看到自己仍安然无恙,恐惧便会降低或消退。因此,研究提倡反复重现刺激,让儿童充分体验全部不愉快的情绪,从而使原来引起的症状逐渐减弱,直至消失。厌恶疗法是对不良行为或变态行为施加一个不愉快的体验,如电击、催化剂或言语责备等,利用痛苦的条件刺激来替代异常行为的快感,从而减少或消除异常行为。

(二)认知疗法

认知疗法强调改变儿童对自己情绪或不良行为的错误认知,以达到纠正情绪或行为障碍的目的。很多儿童的情绪或行为障碍,常常根植于对事件错误的思维。因此,应改变儿童的思维模式,尤其是使他们认识到自己认知中存在的非理性的、自我否定的部分,获得和强化思维中理性的、自我肯定的部分,以便帮助他们解决情绪或行为上的问题。在现实生活中,人们常常会给予自己否定和扭曲的信息。持续的折磨人的两难处境会使人精力衰竭,推动其对境遇的内部感知向越来越消极的自言自语发展,直到再也不能使他们相信在他们生存的境遇中还存在着积极的成分。接着他们的行为会跟随消极的否定性的自言自语,自以为对境遇是无能为力的。认知疗法就是练习和实践新的自我说服和自我暗示,使自己的思想变得更为积极和肯定,直到旧的自我否定和懦弱的自言自语消失为止。

（三）示范法

该方法是由美国著名心理学家班杜拉于1967年创立。班杜拉认为，儿童的许多行为并非通过直接实践或受到强化形成的，而是通过观察、学习产生共鸣，从而促进良好行为的养成，减少或削弱不良行为。示范法包括现场示范法、参与模仿法、自我示范法、电影电视或录像示范法以及想象模仿法等多种类型。示范法成效较快，适用情境较为广泛，可与其他行为方法结合使用，也是在矫正问题行为中常常使用的一种方法。

思考与练习

1. 简述情绪或行为障碍的定义及分类。
2. 简述情绪或行为障碍儿童的发展特征。
3. 如何促进情绪或行为障碍儿童的学习？

第十章 学习障碍儿童的教育与保育

学习目标

1. 了解学习障碍的定义、分类及成因。
2. 掌握学习障碍儿童的评估模式、评估内容与发展特点。
3. 掌握学习障碍儿童的学习特点、教育内容与教育策略。
4. 了解学习障碍儿童的保育。

在教育机构中总有一些智力正常、五官健全、身体发育良好的儿童,虽无如何显著可辨的生理上的障碍,却难以适应正常的教育环境,表现出学习困难、学习成绩不良的情况。学习障碍是当前基础教育中普遍存在的现象,业已成为困扰儿童学习和教师教学的一大难题。因此,了解和掌握学习障碍儿童的基本发展规律是幼儿教师专业成长中必不可少的环节,也是为这些儿童顺利融入幼儿园提供专业支持的基础。

第一节　学习障碍概述

一、学习障碍的定义及分类

（一）学习障碍的定义

在特殊教育领域，学习障碍是最为人们所重视的。在学习障碍的研究领域，可以见到多种定义并存的现状。下面介绍几个有代表性的定义。

1. 世界卫生组织有关学习障碍的定义

世界卫生组织的《国际疾病分类》第十版（*International Classification of Disease Tenth Revision*，缩写为 *ICD* –10）中将学习障碍称为“学习技能发育障碍”，其定义为：从发育的早期阶段起，儿童获得学习技能的正常方式受到损害。这种损害并非因为缺乏学习机会、智力障碍，也不是后天的脑外伤或疾病所致。这种障碍源于认知过程的异常，由一组障碍所构成，表现在阅读、拼写、计算或运动功能等方面有特殊和明显的损伤。

2. 美国有关学习障碍的定义

2004 年《残疾人教育促进法》（*Individuals with Disabilities Education Improvement Act of* 2004，缩写为 *IDEA* 2004）中规定，学习障碍儿童是指那些在语言的理解和表达上有一个或多个基本心理过程存在障碍的儿童。他们常会在听、说、读、写、拼音或数学计算能力等方面出现障碍。学习障碍包括：知觉障碍、创伤性脑损伤、轻微脑功能失调、诵读困难和发展性失语症，但不包括那些视觉障碍、听觉障碍、运动障碍、智力障碍、情绪障碍或环境、文化、社会经济地位不利等因素所造成的学业问题。

3. 中国有关学习障碍的定义

我国有关学习障碍的定义也很复杂，所指的对象通常是以学业成绩低下为主要表现,因此,又被称为"差生"或"低成就学生"。他们的共同特点是:智力属于正常范围,但出于各自不同的原因,他们不能适应普通学校教育中的学习,最终学业不良。这种不良是可逆的,在一定的补救和教育条件下是可以转化的。这一概念较代表性的定义是:有适当学习机会的学龄期儿童,由于环境、心理和素质等方面的问题,在学习技能的获得或发展方面存在障碍,表现为经常性的学业不良。这类儿童没有智力障碍,智商在70分以上。

(二)学习障碍的分类

《精神障碍诊断与统计手册》第五版(*Diagnostic and Statistical of Mental Disorders* Fifth Edition,缩写为 *DSM* -5)将学习障碍分为:阅读障碍、书面表达障碍和数学障碍。

1. 阅读障碍

阅读障碍是学习障碍的一个最主要类型,主要是指儿童在智力、动机、生活环境和教育条件等方面与其他个体没有差异,也没有明显的视力、听力、神经系统障碍,但其阅读成绩明显低于同龄儿童的水平,处于阅读困难的状态。

2. 书面表达障碍

书面表达障碍也称写作障碍,是指不是智力障碍、视觉障碍和听觉障碍而产生表达观点困难、句法和语法有误、使用不恰当词语和文章组织拙劣的现象。

3. 数学学习障碍

数学学习障碍是学习障碍的一个亚类型,它是指数学能力的缺损而导致儿童在数学学习上的落后,即明显落后于同年龄或同年级水平的现象,表现为数学领域的学习困难。

二、学习障碍的成因

(一)遗传因素

多年来,越来越多的研究表明,学习障碍具有遗传性。一些有学习障碍的父母也会发现他们的子女具有和自己一样的学习障碍。研究人员发现,35%~45%的阅读障碍者的直系亲属有阅读障碍;父母如果均有阅读障碍,其子女患阅读障碍的可能性便会增加。

(二)致畸因素

环境污染或者暴露于致畸剂中会使胎儿或婴幼儿异常发展和畸形,进而造成儿童的学习障碍,这已成为众所周知的事实。铅的吸入会损伤儿童的神经系统,孕妇暴露在含铅物质环境中也会影响胎儿的大脑发育。专家认为,有些人暴露于这些物质的风险水平可能不足以导致智力障碍,但足以导致学习障碍。

(三)疾病因素

有些疾病也会导致学习障碍。例如,由于脑部疾病,部分脑瘫儿童存在不同程度的智力和学习障碍,还有婴幼儿艾滋病会导致儿童的神经损伤,部分儿童会表现出一定的学习障碍。当然,许多这样的疾病也会造成学习障碍,这主要取决于疾病的严重程度。

第二节　学习障碍儿童的评估与发展

一、学习障碍儿童的评估

(一)评估模式

1. 动态评估模式

动态评估是一种对学习潜能的测验,测验儿童在学习上存在的局限性。动态评估能够调节教育测验并且协助儿童学习,在儿童失败时还会提供指导以提高儿童的成绩。有研究者对已有的24个研究进行比较,其中15个使用皮尔逊相关系数(用于度量两个变量 x 和 y 之间的相关)进行了量化研究,与其他9个研究进行比较,以便探究动态评估的预测效度。结果显示,当儿童群体的反应无法直接得到反馈时,用涉及的独立动态评估和效标测验作为测验结果,施测于有学习障碍的学生,动态评估则显示出了更精确的预测效度。

2. 干预－应答模式

干预－应答模式被定义为一种以儿童为中心的评估模式,使用问题解决和基于研究的方法评估儿童的学习障碍。干预－应答模式是多层级的,一般分为三个层次:第一层次面向儿童的常规教学和鉴别;第二层次面向在第一层次中对教师的教学没有显示出足够反应的儿童;第三层次面向在第二层次中仍未做出任何回应的儿童做个别指导教学。这些儿童被视为有着一定的障碍倾向,教师将针对这类儿童实施更加密集的指导,通常以个别辅导为主要形式。

(二)评估内容

由于学习障碍涉及的方面广泛,评估学习障碍也是一项比较复杂的工作。一般要从以下七个方面进行。

1. 生理评估:去医院做身体检查和视觉、听觉、运动系统以及神经系统的检查。

2. 智力评估:主要使用儿童智力筛查测验、中国比内测验、韦氏儿童智力测验、瑞文标准推理测验等。

3. 成就评估:学前儿童语文能力。

4. 感知－动作评估:感知觉能力评估、感觉统合能力评估、视知觉评估、听知觉评估、知觉－动作能力评估。

5. 情绪行为评估:问题行为筛选量表、情绪障碍量表、阿肯巴克儿童行为量表、儿童社交焦虑量表、行为与情绪评量表。

6. 学科评估:儿童在学校所学课程一门或几门成绩不良且学习困难。

7. 访谈与观察:向学校教师和监护人了解儿童的情况,包括在学校的学习、情绪或行为表现以及人际关系等;家庭基本情况、家族病史、儿童的喜好以及在家中的表现等。

二、学习障碍儿童的发展

（一）感觉运动困难

存在学业问题的儿童往往与早期的感觉运动问题有关。学前阶段，存在潜在学习障碍的儿童，常常达到基础运动发展里程碑的时间较晚，表现出如下一个或多个特征：

1. 身体控制能力差，导致协调能力差或发展不平衡；在跑、跳、踢、投掷、拿等运动中有困难。
2. 平衡能力差，可能造成儿童从游戏器材上摔下来、摔倒或碰到室内家具或他人身上；不能在平衡木上行走。
3. 双边协调与交叉运动不稳定。
4. 无法跨过身体的中线，儿童无法用右手完成位于身体中线以左的事情，反之亦然。
5. 空间定位能力差。

（二）认知发展障碍

在运用逻辑组织思维和整合信息上存在困难，这是许多潜在学习障碍儿童的特征。尽管学龄前儿童仍处于具体思维阶段，但是大多数较大年龄的学前儿童已经能够进行一些抽象思维。然而，潜在学习障碍儿童往往只能解决此时此地的问题，几乎没有能力解决任何抽象的问题。

（三）语言发展异常

潜在学习障碍儿童经常在理解和表达语言上有困难。这些儿童在获取更好的语法形式及组织句子的能力上往往落后于大多数儿童。在词语的使用上，这些儿童可能具有一定的语言水平，但根据标准语法遣词造句却存在困难。许多潜在学习障碍儿童在重复短句、韵律及指示上有困难。另外，他们难以模仿声音、手势、身体动作、脸部表情以及其他形式的非言语交流。

（四）情绪行为问题

潜在学习障碍儿童相较于同伴可能更容易出现情绪或行为问题。这些儿童可能存在社会性认知缺陷，他们可能会错误解读社会线索而错误理解他人的情感和情绪。因此，潜在学习障碍儿童更容易表现出忧愁、悲伤、愤怒、紧张和焦虑等消极情绪，也会表现出冲动、不恰当的问题行为等。

（五）社会技能不足

学习障碍儿童往往有更多的社会分享性问题。他们可能欺凌弱小，具有攻击性，退缩，或过度依赖。他们的行为常让其他儿童困惑，以致他们难以交到朋友。当这些儿童失去朋友的时候，他们并不明白其中的原因，也无法改变自己的行为，从而产生被拒绝的感觉。因此，他们会出现挫败感、较低的自尊和自我效能感。这些负面情绪常常使儿童容易为极小的刺激哭泣、打人、甚至是退缩。

第三节　学习障碍儿童的学习与教育

一、学习障碍儿童的学习

（一）学业成就

学习障碍儿童在学业学习上的困难主要表现在阅读、书面语、口语、数学等方面。

1. 阅读

对于大多数学习障碍儿童而言，阅读是最有难度的。在阅读中常常会省略、插入、替代或者颠倒词语，不能准确理解词和句子的含义，不能流畅朗读和准确理解文章的意思等。

语音意识障碍是早期阅读障碍的主要原因之一。语音意识指儿童对语言音素的操作能力。儿童早期如果缺乏对语音的敏感知觉，没有掌握语音知识，缺乏语音辨别的能力，就会导致将来的阅读困难。

视觉空间认知障碍也是学习障碍儿童阅读能力发展的重要特征。儿童由于视觉空间认知能力发展和成熟的差异，往往表现出明显的视觉加工问题。

记忆加工障碍与早期阅读困难密切相关。它包括了基本的加工缺陷，即阅读障碍儿童在对语音信息的编码和提取上存在困难；已往知识的局限会使阅读产生困难，而阅读困难又进一步限制了知识结构的发展，从而形成恶性循环；控制策略的不足，即他们会很少利用一些积极的、计划性的控制策略来促进记忆，也能导致阅读障碍。

2. 书面语

学习障碍儿童通常在书写、拼写和写作等领域上存在一种或多种障碍。早期潜在学习困难儿童的知觉运动障碍、精确复制感知印象能力的缺乏以及手眼动作不协调等，也会使儿童表现出一系列书写困难。在拼写上，有些儿童表现出添加、省略、颠倒声母韵母、颠倒音节、想当然地进行拼写等问题。而在书面表达方面，这些儿童往往表现出更大的困难。

3. 口语

许多学习障碍儿童在口语运用中也会存在障碍。他们在准确接收和辨认听觉刺激的能力上存在不足，所以会表现出语言听力和语言组织能力差，在语言模仿中经常出现吞音、误音、语音模仿不完整和语法错误等问题。

4. 数学

有些学习障碍儿童会表现出数学能力不足。与数学能力不足相关的困难主要表现为如下几方面：

(1)区分数字和复制图形困难。

(2)由于视觉动作问题，儿童无法准确地写出数字。

(3)缺乏数数、排序、分类、比较等能力。

(4)与数学相关的术语无法理解。比如不理解数量概念，缺乏基本的数量感。

(5)计算困难，无法进行简单的计算，等等。

(二)学习方式

不同的潜在学习障碍儿童可能具备不同的学习方式。例如，有些视觉学习的能力较强，对于视觉信息能够很好理解和学习；而有些则要通过触觉或身体动作，才能充分掌握知识。

（三）学习动机

学习障碍儿童有一个显著的特点就是很少对学习有直接的动机，他们学习动机的产生源自于成人的影响，其中家长和老师对于学习障碍儿童学习动机的产生具有重要作用。如果家长重视儿童学习，对儿童的学习和进步较为欣赏并充满期待，那么儿童的学习动机就强；反之，儿童的学习动机就相对差些。学习障碍儿童还受到非内在控制源的影响。学习障碍儿童在经历了经常性的学习困难后，常常会遭受挫折。长期的失望会使儿童缺乏价值感，严重影响他们对自己知识和能力的认识。同样，这些儿童的被拒绝感、挫败感和对未来的无望感也会日益增加，这将进一步影响他们的学习和整个成长、发展的过程。

二、学习障碍儿童的教育

（一）教育内容

1. 感觉运动技能

感觉运动技能包括两种联系紧密的相关过程。其中之一是理解感知信息，即看到的、听到的、触摸到的、尝到的、闻到的是什么。第二个过程是将信息转化为恰当的行为。通常而言，一个反应中包含一种以上的感觉，这就是所谓的感觉统合。每一项学前活动都包含感觉运动的各种形式。精细运动技能包括手眼协调和手指、手和手腕的有效使用。这些运动和感觉运动紧密相关，是自我照顾和学习使用各种工具的基础。

2. 认知技能

注意力缺陷是潜在学习障碍儿童的先兆表现之一，同时注意力又是最基本的认知能力，因此，在训练过程中可将注意力训练与动作、知觉、记忆、思维等训练结合起来。模仿力是学习能力的根本，模仿力的学习也是学习障碍儿童的主要教育内容之一。大部分儿童都能进行自发模仿，学习新的技能。但是那些无法进行自发模仿的儿童，如果需要学习其他发展性的技能，就必须教会他模仿，而且这方面的教育必须放在首位。此外,概念形成能力也是学习能力的根本。在生命早期,儿童有意识地形成新概念,将他们学到的许多事物次序化,这是儿童思维能力的根本。因此,包括辨别、分类、排序列、空间和时间关系在内的概念形成技能也是学习障碍儿童认知技能训练的主要方面。

3. 语言技能

语言技能包括语言理解和语言表达两个方面。在语言学习的过程中,一方面要强调语言理解和表达能力的训练,另一方面也要重视非语言交流能力的提升。例如,教师通过倾听训练、说话能力训练,提升儿童语言理解和表达能力;教师还要帮助儿童掌握身体姿势、表情、动作等非语言符号的含义,提升儿童非语言理解和表达能力。

4. 社会技能

社会技能包括社会认知、社会行为和社会情绪技能。在社会技能训练中,教师要帮助儿童认识自己、他人以及自己和他人之间的关系,帮助儿童学习在社会交往中如何做出恰当的行为、如何调适自己的情绪等。此外,教师应帮助儿童管理和预防问题行为。

5. 前学业技能

许多前学业技能与阅读、书写和算术紧密相关。因此,对于学前潜在学习障碍儿童,前阅读、前书写和前算术技能的训练必不可少。促进早期阅读、书写和算术技能的发展,可以运用如下活动:例如,引导儿童按照从左到右、从上到下的顺序"阅读"一页上的一系列图片。许多图画书和拼图游戏都有促进前阅读视觉组织的作用。画大的螺旋式的圆圈,或描画一些记号,儿童通常认为这样的活动是写。用剪刀自由地剪纸(有些儿童会自发地沿着线条剪)。让儿童从左到右用手指一个个点数,数一排物体(一对一数数)。将物体按两个、三个或四个分组。明确各组的物体一样多、更少或更多。让儿童认识到相似的但有差别的声音是不一样的,等等。然而,所有的前学业技能都要有序地教给儿童,以促进儿童的学习。

（二）教学策略

1. 嵌入式学习机会策略

学习障碍儿童的学习任务通常在特定时间段在结构化的情境中给出，例如，在数学游戏课上，重点学习数的概念，同时也应该贯穿儿童一天的幼儿园生活。对于儿童而言，将结构化和非正式相结合且以非正式为主的方式是最恰当的教育方式。嵌入式学习机会策略是指在日常活动和课堂中嵌入教育的策略。

当运用这一策略时，儿童有机会在感到有意义和有兴趣的活动和事件中改变自己。当老师、保育员和治疗师把学习目标嵌入到儿童的日常生活中时，他们可以较好地满足选择的需要和增加教学实践的效果。而且，采用嵌入式学习还可以增强儿童的学习兴趣和动机。嵌入式学习机会策略旨在为儿童创造一切可能的教育机会。自发性和非正式性是嵌入式学习的本质。对儿童而言，嵌入式学习是在有意义的活动情境中进行的，这种学习不会让儿童意识到这是"真正的学习"或者"真正的功课"，教师利用生动活泼的教育为儿童提供有趣的活动。在日常生活中，这种有趣的活动又能增强儿童的技能操作和实践的动机。

2. 直接指导策略

在学习障碍儿童的教学中，教师提供直接指导也是促进其学习的主要策略。教师可以采用直接教育和非直接辅助的手段，直接建议儿童做什么和说什么。

3. 同伴指导策略

教师可以直接指导普通儿童如何采用特殊的方式与学习障碍儿童进行互动。教师也可以将学习障碍儿童与普通儿童安排在一起学习和游戏，从而促进儿童之间的社会互动，促进学习障碍儿童的学习。

同伴指导策略也为儿童提供了模仿对象。儿童通过观察并模仿其他儿童的行为习得许多行为和技能。为学习障碍儿童提供恰当行为的模仿对象，尤其是在社会行为方面，是促进儿童发展的重要方法。但是，教师必须在互动中发挥重要的促进作用。教师可以设置恰当的环境确保学习障碍儿童和普通儿童能进行互动;教师还需强化儿童一起玩的行为;另外,当学习障碍儿童模仿恰当的行为时教师应及时予以强化。

第四节　学习障碍儿童的保育

一、家庭责任

家庭是儿童人格形成的一个重要影响因素,家庭心理环境、家长教养方式、家长的评价等都影响着儿童人格的形成。

从家庭环境来说,以往的研究表明,学习成绩优良儿童的家长与学习障碍儿童的家长文化程度、职业及教养方式存在明显的差异,学习成绩优良者,家长的文化程度与职业地位高于学习障碍儿童的家长。学习障碍儿童更多地生活在父母关系紧张的家庭中。

家长的教育态度会影响子女对其自己生理特征、道德伦理价值观、自我能力、自我形象和作为家庭成员的胜任感、与人交往中的价值感、自我信任感等方面的理解,这种理解的结果会决定儿童是接纳自己还是拒绝自己。家长教育态度的一致性、家长期望、家庭关系和家庭结构对学习障碍儿童亲子关系和师生关系均有较大影响,尤其是家长教育态度、家庭关系对其自我概念发展举足轻重,家长期望与其行为问题显著相关。

家长教养方式也是决定学习障碍儿童健康人格发展水平的重要因素之一,情感温暖的教养方式有利于促进健康人格的发展;惩罚严厉、过分干涉和拒绝否认的教养方式对健康人格的发展有较大的消极影响。

家长对儿童的学业、运动能力和亲子关系的评价与儿童对自己的评价有紧密的正相关。学习障碍儿童在形成自我认知的过程中会表现出一种偏狭的倾向,容易误会社会性暗示,对信息做出不准确的解释,依据关系并不是很大的个别方面形成对某方面的自我认知和评价。因此,在对学习障碍儿童学习动机与情绪的发展进行教育矫正时要从家庭入手。作为教师,需要与家长保持定期的联系,多与家长沟通,做好家长教育工作,不仅要让家长了解家庭对于改变学习障碍儿童的自我概念、社会技能和行为问题的重要性,还要让家长了解怎样的家庭环境有利于儿童人格与情绪的健康发展，以及如何才能为儿童创造良好的家庭环境。

二、家长作用

（一）积极关注与接纳，了解学习障碍儿童情感需要

家长应该随时注意学习障碍儿童在学习中的点滴进步，并给予及时的鼓励。帮助儿童在课堂学习之外寻找并建立一种个人优势，如体育运动、音乐、美术等，让他们获得必要的自信与自尊。尤其要注意的是不能夸大学习障碍儿童的缺点，或因为儿童学习不好而全盘否定儿童，这样会给学习障碍儿童建构自信、自尊的心路历程上增加沉重的负担。鼓励他们勤奋学习、喜欢自己、接纳社会。

（二）正确识别学习障碍儿童的不良情绪，引导他们及时疏解与调整

家长不仅要正确地识别儿童的情绪，同时，也要引导学习障碍儿童阅读自己的情绪类型，告诉他怎样是快乐，怎样是愤怒，什么是敌意，什么是伤心。鼓励儿童与家长分享情绪的感觉。要让儿童知道，情绪本身没有好坏之分，情绪是受身体内部心理与生理共同影响而产生的。但情绪需要管理，教会学习障碍儿童适当地释放或表达自己的情绪，让儿童在愉快轻松的气氛中学习，在成功体验中学习。

（三）帮助学习障碍儿童提高自我管理的能力及责任感

学习障碍儿童的家长时常会抱怨儿童做作业拖拉，对于这些学习障碍儿童，首先要鼓励家长了解儿童所面临的困难，在理解儿童的基础上教给他们解决问题的策略与技巧，提高他们的自我管理能力。家长可以帮助儿童确立规律性的时间表，使他们能够逐渐做到独立完成家庭作业和自我记录。家长还可以用自然结果去处理学习障碍儿童的叛逆情绪。让儿童明白做作业是他们自己的事，家长不能代替它们承担责任。当家长看到学习技能和自我管理能力的提高有助于学习障碍儿童实现将来的学业目标时，他们会更愿意与教师合作，并在家庭中创设一种有利于学习的环境。

学习障碍并不可怕，最可怕的是爱的丧失、自信的丧失和进取心的丧失。只要我们对学习障碍儿童充满爱心、耐心和信心，他们就会努力克服自身的能力缺陷，扬长避短，取得学习的成功。

思考与练习

1. 简述学习障碍的类型。
2. 简述学习障碍儿童的发展。
3. 简述学习障碍儿童的教育策略。

第十一章 注意缺陷多动障碍儿童的教育与保育

学习目标

1. 了解注意缺陷多动障碍的定义、分类及成因。
2. 掌握注意缺陷多动障碍儿童的评估与发展特征。
3. 掌握学注意缺陷多动障碍儿童的学习特点与教育策略。
4. 了解注意缺陷多动障碍儿童的保育。

注意缺陷多动障碍常见于学龄期，儿童在成长过程中不仅有注意缺陷或多动、冲动障碍，而且由此衍生出一系列学习、情绪、行为及适应问题。这不仅对其自身发展产生不良影响，也容易导致紧张的师生关系和不良的同伴关系。在学前教育阶段，如果教师能够了解注意缺陷多动障碍儿童发展与学习的特点，并及时予以干预与支持，这将对儿童未来的发展具有重要意义。

第一节 注意缺陷多动障碍概述

一、注意缺陷多动障碍的定义及分类

(一)注意缺陷多动障碍的定义

人们对于注意力缺陷多动障碍的研究已逾半个世纪,其名称也经历了多次改变。最初注意力缺陷多动障碍被称作脑损伤和轻度脑损伤;到20世纪60年代末,学界更倾向用医学术语来描述行为特征,于是多动症这一术语被广泛使用;然而,许多精神病理学家认为,过度活动并不能确切地表达这些注意力无法集中的儿童的特征,因此,1980年,美国精神病理协会把这一术语改为包含两个子范畴的注意力缺陷障碍,一类是具有多动性的,一类是不具有多动性的。但是,仍有大量的学者继续对这一术语进行争论,直到1987年,人们才取得共识,采用注意缺陷多动障碍(attention deficit hyperactivity disorder,缩写为ADHD)这一术语,同时罗列了许多伴随性行为,试图说明多动行为并非必须与注意缺陷多动障碍共存。简言之,注意缺陷多动障碍儿童是指发生在儿童期内,行为表现与其年龄极不相称,以注意力明显不能集中、活动过多、任性冲动和学习困难等为主要特征的一种综合病征。

(二)注意缺陷多动障碍的分类

1994年,美国精神病理协会明确地界定了注意缺陷多动障碍的三种类型:

1. 以注意缺乏为主的类型

注意缺乏为主的儿童注意力难以集中、易健忘和分神,他们常常会分神发呆,喜欢做白日梦,但多动不是他们的显著特征。这类儿童往往表现出没有活力,性格比较冷漠,活动性也较弱。他们的注意力主要集中在内部的世界,对外部世界的关注较少。因此,尽管他们的思维可能非常活跃,但他们却很少去行动。

2. 以多动－冲动为主的类型

多动－冲动为主的儿童常表现出坐不安稳，话过多，而且很难安静地活动，脾气执拗，容易发脾气。由于多动－冲动的特点，这类儿童容易受伤。

3. 注意缺陷多动性障碍类型

注意缺陷多动性障碍是指此类儿童注意力缺乏和多动冲动两者兼有，此类儿童在注意缺陷多动障碍儿童所占的比例约为85%。

二、注意缺陷多动障碍的成因

（一）遗传因素

对注意缺陷多动障碍儿童及其家庭的调查研究发现，不少注意缺陷多动障碍儿童的父母在年幼时也有多动症状，此外在其家族中成年人患有癔病、病态人格及酒精中毒的居多，因此，有专家认为，儿童注意缺陷多动障碍的发病率与遗传因素有着极为密切的关系，但是，由于研究条件的限制，遗传因素是怎样影响儿童的注意缺陷多动障碍还没有确切的答案。

（二）生理因素

从神经介质代谢的差异出发，一些专家认为儿童注意缺陷多动障碍发病率与单胺代谢有关。另有一些研究者提出，儿童注意缺陷多动障碍与儿童摄入的糖量及食物有关，比如维生素缺乏、食物过敏、糖代谢障碍。还有人根据铅中毒病人也有活动过多、注意力不集中等症状，推测儿童的注意缺陷多动障碍可能与铅等重金属污染有关，有研究发现，轻度铅中毒、锌钙缺乏可能是注意缺陷多动障碍的病因之一，注意缺陷多动障碍的发生可能与高铅、高镁和低锌水平有一定的关系。这些推测都还没有提供科学的依据，所以它们还没有很强的说服力。

（三）器质性因素

器质性因素是引起儿童多动症的核心因素之一，在对儿童癫痫病患者的研究中发现,患有癫痫的儿童具有一些十分明显的注意缺陷多动障碍症状,而且一些治疗癫痫病的药物会引起儿童注意缺陷多动障碍。此外,脑组织的器质性损伤也常被认为与儿童注意缺陷多动障碍有密切的关系。

(四)社会心理因素

许多学者认为,儿童注意缺陷多动障碍不仅仅与生理上的原因有关,而且也与家庭环境和教育方法有着密切的关系。家长和教师对儿童溺爱或苛刻有可能引起儿童注意缺陷多动障碍:对儿童溺爱使儿童从小养成任性、不能形成控制自己行为的习惯;而家长和教师缺乏教育方法或爱心、耐心和责任心,也易造成注意缺陷多动障碍症状的加重。上述社会心理因素虽未必是注意缺陷多动障碍的直接成因,但很多研究都表明,该因素对注意缺陷多动障碍儿童有所影响。

第二节　注意缺陷多动障碍儿童的评估与发展

一、注意缺陷多动障碍儿童的评估

(一)评估步骤

具体来说,对注意缺陷多动障碍儿童的鉴别主要由以下三个步骤组成:筛选;采用多种方法进行评估;对评估结果进行解释。

1. 筛选

筛选过程是指专业人员对教师和家长进行访谈,以明确儿童的具体行为问题,并了解可能诱发或维持儿童这些行为问题的环境因素。通过教师和家长填写相应的问卷,专业人员从中获得儿童行为问题发生的频率等相关信息。

在最初的访谈过程中,要着重了解儿童行为问题发生的频率、强度以及持续的时间。同时还要了解问题发生时的各种环境因素,如同伴的行为、任务难度等。该阶段的测评工具主要是《精神障碍诊断与统计手册》第五版(*Diagnos-*

tic Statistical of Mental Disorders，缩写为 *DSM* –5），家长和教师评定量表，以及注意缺陷多动障碍评定量表。

2. 评估方法

对于注意缺陷多动障碍的评估与诊断，应当采取多种评估的方法，即用不同的方法相互验证。

在这个阶段主要的测评方法有：教师访谈、了解学业成就、家长访谈、家长评定、教师评定、直接的行为观察和测量学业成就。

3. 评估结果

在对结果进行解释的过程中，医生和学校心理学工作者要根据各种观测手段进行综合评定，如果同时符合以下几点则可确定为注意缺陷多动障碍，即：

（1）根据 *DSM* –5，证实的症状达 6 个以上；

（2）在 7 岁前出现注意缺陷多动障碍症状；

（3）至少在两个领域有不良影响（如学校、家中、与同伴互动时）；

（4）家长、教师和儿童自己认为注意力问题意义重大；

（5）排除其他的解释（如反应性的生活障碍、恐慌症以及类似的疾病）。

（二）评估综合化

对注意缺陷多动障碍儿童进行明确诊断十分重要，一般情况下需要借助综合化诊断方式进行评估。第一，要与儿童家长进行沟通，详细而客观地了解儿童出现症状的时间、地点及症状出现时的情景、任务，并且了解症状程度。第二，对儿童进行观察，包括交谈、询问等，初步评定儿童症状、了解儿童自己的理解情况。在该部分中应排除焦虑、抑郁、幻觉、思维异常、自杀倾向等其他心理障碍。第三，对儿童健康状态进行检测，评估儿童神经系统功能是否存在感觉缺陷，以及其他的身体问题。第四，采用各类量表或自制量表对儿童的认知功能进行评价，也可以观察儿童的智力和学习能力。第五，对儿童的听觉、视觉、语言等方面做实验室检查，并且对儿童运动功能进行测试。

二、注意缺陷多动障碍儿童的发展

(一)注意缺陷多动障碍儿童的行为发展特征

1. 分心和注意力不足

(1)注意力持续性困难。儿童容易为外界的刺激干扰而分心,对外界的刺激保持开放,因此,常常被刺激物分心,精神无法集中。他们无法在功课、游戏或一件事上持续注意力太久,对需要持续花心力的活动会表现出逃避、强烈的不喜欢,如在班级上课时,常做白日梦,不能注意教学的内容。而在团体活动或游戏时,这种特征表现最为明显,甚至连游戏都无法完成。

(2)接受指令困难。儿童表现出不注意听别人对他们的讲话,无法遵循指示或是完成学校功课与其他指定的工作,但并非故意反抗,而是因听不懂指示无法完成。

(3)缺乏条理性与整合性。儿童难以把事情或活动处理得有条有理,很难或无法注意细节,或在学校功课、活动时会因粗心而犯错,常遗失(或遗忘)一些重要的东西,以及忘记日常生活所需的事物等。

2. 冲动行动或行为抑制力不足

指儿童无法抑制或对刺激的过度快速反应的倾向,以及不考虑变通方法的行为。他们想什么就做什么,从不三思而后行,且不计后果。只要人或事物不合心意,就会马上表现出捣乱的行为。游戏时,常常不能遵守规则,不愿排队等待,插队破坏秩序。另外,情绪起伏很大,很容易疯玩或激动起来。

3. 活动量过高

指动作或言语的过度活动,最常见的是不安静、烦躁不安和不必要的大肌肉身体运动。因而,注意缺陷多动障碍儿童表现出活动量特别大、坐立不安、敲指头、晃脚,且不分场合。在班级上的表现可能是烦躁不安、爱插嘴,会不断地站起来在教室内走动,有时甚至无缘无故捉弄邻座同学,乱拿别人东西等。

(二)注意缺陷多动障碍儿童的认知能力发展特征

1. 非语言工作记忆的缺陷

具体包括儿童记忆事件功能存在缺陷,不能当机立断,对于复杂系列问题或事件的模仿困难,缺乏前瞻性、领悟性和自我觉察能力,缺乏时间感、动作控制的流畅性与组织性,缺乏规则性的行为,缺乏跨情境的组织能力。

2. 语言内化能力迟缓

诸如儿童的描述和反映能力不足,自我导向的问题解决能力不足,缺乏规则性的行为,元认知能力特别是计划能力受损,阅读理解能力缺陷,道德推理能力发展延迟。

3. 对情感、动机或唤起的自我调整缺陷

如儿童对刺激的警觉性不高,被外在刺激吸引后,重新表现符合规范的行为很困难,或无法依据情境规范自己的行为。情感自我调整力有限,较少具有客观或社会性的观点,具有较弱的目标导向行为,对自我调整或反馈作用不敏感。

4. 认知重组的缺陷

指儿童对行为的分析与整合能力有限,语言或行为的流畅性较差,形成规则困难,模仿行为较少,行为模式不成熟等。

第三节　注意缺陷多动障碍儿童的学习与教育

由于注意缺陷多动障碍儿童的感知觉、社会适应、语言、言语、沟通、认知等能力存在缺陷,他们的学习特点和普通儿童明显不同,学习内容除了基本的知识和技能外还包括针对自身缺陷所进行的补偿性教育内容。因此,注意缺陷多动障碍儿童对学习环境的要求较高。在教学的过程中,教师只有结合他们发展的特点才有可能取得更好的教学效果。

一、注意缺陷多动障碍儿童的学习特点

(一)注意力障碍

注意力障碍是注意缺陷多动障碍儿童的必备症状,主要表现有以下三个特点。

1. 被动注意占优势、主动注意力不足。注意缺陷多动障碍儿童上课时注意力不集中、思想常开小差,对老师的提问茫然不知或答非所问,做作业容易受外界无关刺激而分心。主动注意力不足;对有趣的电视节目、书刊、新奇的游戏等则会全神贯注或相对集中注意力;重症注意缺陷多动障碍儿童则无论主动或被动注意都表现得明显不足。

2. 注意强度弱、维持时间短暂、稳定性差。儿童为完成某项任务除需主动注意外,尚需有相应的注意强度和时间。注意缺陷多动障碍儿童的注意力不能高度集中、注意时间短暂,且极易疲劳和分散注意力。

3. 注意范围狭窄、不善于分配。普通儿童能在同一时间内清楚地掌握注意的对象和数量,而注意缺陷多动障碍儿童不善于抓住注意对象的要点和重点,注意范围狭窄,如做作业容易漏题、串写、马虎潦草。

(二)活动过多

这是注意缺陷多动障碍儿童最常见的症状,主要表现为儿童的活动过多。注意缺陷多动障碍儿童由于自我控制能力不足,其行为也表现为多动。

(三)冲动行为

注意缺陷多动障碍儿童情绪不稳、波动性大和冲动;行动多先于思维,不经考虑就行动;行为具有突然性,在集体活动或游戏中不能遵守秩序,不能耐心等待。

大多数注意缺陷多动障碍儿童有各种不良行为,如打架、顶撞、不服从、违抗、恃强凌弱、好发脾气、难以忍受挫折。这些不良行为有时是其症状造成的,有时他们并不是有意识地抗拒他人的要求。

(四)学习困难

有些注意缺陷多动障碍儿童还伴有明显的学习困难,但他们的学习困难并非是智力低下引起,而主要是注意力不集中、情绪不稳和冲动行为造成的,有的则是感知障碍和神经系统功能所致运动协调困难而造成的。

二、注意缺陷多动障碍儿童的教育

(一)教育内容

提高学习能力是注意缺陷多动障碍儿童的重要学习内容之一。为了吸引并保持注意缺陷多动障碍儿童的学习注意力,教师在教学过程中应该注意激发并保持他们的学习兴趣。此外,注意缺陷多动障碍儿童情绪不稳、波动性大和冲动,易出现一些负面的情绪以及冲动的行为,因此,教师应该通过行为训练及教育,培养他们的行为自我管理能力。最后,注意缺陷多动障碍儿童活动过度,情绪不稳定,导致他们会经常和别的儿童发生矛盾。同时,由于注意缺陷多动障碍儿童自身的特点,常常表现出个性倔强,不愿受别人制约或排斥其他儿童。因此,他们很难与其他儿童友好相处。但是,这些内容又是他们将来适应社会生活必备的内容,所以教师还应该注重培养他们规范自己的言行举止。

(二)教育策略

1. 行为训练

(1)代币治疗。强化是指通过系统的操作及控制环境刺激或偶然事件来矫正个体行为的方法。在实施时,一方面对儿童出现的积极行为给予代币等形式的奖励,另一方面,对儿童出现的破坏性的消极行为给予收回代币等形式的处罚。强化主要有以下几种方法:一是阳性强化法。通过表扬、赞许、奖赏等方式,注意缺陷多动障碍儿童良好的行为得以持续。当他们出现良好行为时立即给予阳性强化,使儿童感到满足。二是处罚法。处罚有助于减少或消除注意缺陷多动障碍儿童的不良行为,但对于儿童的不良行为,要避免一开始就进行严厉的处罚,坚持先鼓励后惩罚的原则。处罚可采用暂时隔离法,使其明白其行为的不适宜性。另外,轻微的处罚应与鼓励相结合。三是消退法。教师需确定何种因素对注意缺陷多动障碍儿童的不良行为起着强化作用,再对其进行消退。这种方法对矫正儿童的行为有显著效果,但只适合于能严格控制的环境中,一旦停止强化,儿童的注意缺陷多动障碍症状可能又会反复。

(2)自我控制训练。行为的自我控制训练包括对行为的自我监控、自我评价、自我强化等方面。这种方法强调,注意缺陷多动障碍儿童意识到自己行为上存在问题,并想自己解决。家长、教师的任务是帮助他们发展控制行为的能力,并向他们提供解决问题所需要的步骤,在训练中承担顾问的责任。

(3)放松训练。很多注意缺陷多动障碍儿童活动过度,存在过度的心理唤起水平。因此,很多研究者采用放松训练作为其训练的方法。他们认为,对于那些活动过度的注意缺陷多动障碍儿童,可以采用渐进的肌肉放松、生物反馈等方法来减轻他们的肌肉紧张程度。

2. 认知行为干预策略

认知行为干预策略是指改变注意缺陷多动障碍儿童思维的形式、信念、态度和意见,以达到其行为的改变。这种干预策略有许多具体的方法,在对注意缺陷多动障碍儿童采用的认知行为干预疗法中,常见的方法包括自我指导训练、问题解决训练、社会技能训练、归因再训练和压力接种程序。

3. 心理疏导

心理疏导是注意缺陷多动障碍儿童一种重要的矫正措施。注意缺陷多动障碍儿童想要顺利地完成某一件事情,还需要教师与家长特殊的指导。在指导过程中,教师与家长应多给他们鼓励和建议,鼓励适度常常会带来意想不到的结果。而注意缺陷多动障碍儿童总是伴有各种行为问题,这会引起成人的不耐烦,容易诱发成人出现急躁情绪,甚至出现责罚行为,教师与家长应避免出现经常责骂儿童的现象。实质上,注意缺陷多动障碍儿童需要不断地被表扬,教师与家长应该耐心细致地观察,发现注意缺陷多动障碍儿童的优点并给予及时的表扬。如果注意缺陷多动障碍儿童的某些行为超出了社会道德允许范围,教师与家长应该耐心教育儿童,并分析其中的原因,真诚地帮助儿童。当注意缺陷多动障碍儿童出现问题时,教师与家长必须及时采取合理的措施进行矫正,而不是盲目地责骂或逃避。

4. 感觉统合训练

感觉统合训练是给予注意缺陷多动障碍儿童视、听、嗅、触、前庭等感觉系统多种刺激,并将这些刺激与运动相结合。感觉统合训练涉及心理、大脑和躯体三者之间的相互关系,而不只是一种心理上的训练。常见的感觉统合失调现象主要表现为五个方面,分别是视觉异常、前庭功能及动作异常、触觉等肤觉异常、胆小害怕以及其他心理活动异常。而注意缺陷多动障碍儿童的感觉统合训练强调各感觉系统间的整合,因此,可从以下领域进行感觉统合训练:

(1)触觉训练。注意缺陷多动障碍儿童触觉训练的两个目标分别是,改善皮肤过度敏感或者过度迟钝的问题和提高其对信息感知、加工及输出的整体水平。但对注意缺陷多动障碍儿童进行触觉训练时,教师也要加强对视觉、听觉的信息刺激,增加认知训练和言语表达。

(2)前庭觉训练。前庭不仅主导着平衡感和空间方位感的调控,而且还对各种感觉信息的系统整合、感知运动的协调、注意力的协调以及对脑的发育都有影响。教师可以利用吊台、吊桶、滚筒等器械对注意缺陷多动障碍儿童进行训练。

(3)本体感觉训练。本体觉也被称为运动觉,是用来接受肌肉、关节、骨骼等刺激,感觉肢体部位在空间上的定向、动作的时间性与频率性、肌肉被牵张和拉扯的速度与程度的反应。教师与家长对注意缺陷多动障碍儿童的训练可以利用身体过横杆、卧滑滑板、前滚翻等活动进行,因为注意缺陷多动障碍儿童的粗大动作发展较好,而精细动作发展较差一些,所以训练应以提高儿童精细动作为主,并且要以速度快和动作转换频率高的动作为主。

(4)综合训练。分领域训练可以集中解决注意缺陷多动障碍儿童某一感觉系统的问题,虽然大部分的训练活动具有多感觉系统的整合性,但是整合水平确实不高,需要通过综合训练来提高感觉系统的整体水平。因此,在训练中可以使用单一器械的综合训练,也可以是多种器械间的综合训练,目的是使注意缺陷多动障碍儿童在综合训练中提高整体的感觉统合能力。

第四节　注意缺陷多动障碍儿童的保育

注意缺陷多动障碍是儿童学前阶段常见的行为问题，也是儿童期最复杂、研究得最多的儿童心理障碍之一。据不完全估计，我国目前大约有 2 000 万学龄期儿童患有这种疾病，居于学龄儿童精神障碍发病率首位。注意缺陷多动障碍不仅影响儿童身心健康，还会给幼儿园、学校、家庭和社会带来深远的负面影响。注意缺陷多动障碍给儿童日常生活和社会功能带来的不良后果将远远超出疾病本身，儿童其他破坏性行为和情绪的危险性会明显增加。

一、对家长的指导与培训

有调查结果显示，90% 以上的注意缺陷多动障碍儿童的家长报告儿童在学校学习、遵守纪律和完成家庭作业方面存在一定困难，87.2% 的家长对子女的症状感到紧张焦虑，34.2% 的家长认为家庭活动遭到破坏，26.8% 的家长婚姻关系遭到破坏。

家长培训八步法是 20 世纪 60 年代由美国 Constance Hanf 创建、Russell Barkley 扩展的培训方案，它是通过培训家长分析儿童对抗行为的原因、给予儿童及时的关注和表扬、利用代币系统奖励或者惩罚、在公共场所实施监管等一系列的措施，纠正儿童不良行为的方法。培训步骤如下：

第一步（1～2 周），分析儿童为什么不听话；

第二步（3 周），了解儿童对周围世界的关注方式；

第三步（4 周），增强儿童的服从性；

第四步（5 周），当表扬无效时，用扑克牌和奖励分代替表扬；

第五步（6 周），实施关禁闭和其他惩戒方法；

第六步（7 周），将禁闭法用于其他错误行为；

第七步（8 周），预见问题，在公共场所监管儿童；

第八步（9 周），改善儿童在学校的行为；

第九步（10 周），解决将来的行为问题。

培训采取团体辅导的方式进行，以理论讲授为辅，以游戏、小组讨论、角色扮演、现场示范为主,以学习、体验与实践相结合的方式进行。每次小组活动的内容包括:暖身游戏、上周情况反馈与难点讨论、本周主题讲授/演练、布置家庭作业。培训能够增强家长对儿童行为特征、问题行为与养育方式之间关系的了解,提升家长管理儿童行为的技巧,有效消除2~3个核心行为问题。

二、家长应对策略和方法

(一)改变错误认识

注意缺陷多动障碍儿童由于无法控制自己的行为,通常会置教师和家长的命令于不顾,做出让教师和家长无法预测和理解的行为。因此,家长和教师会形成一种错误的信念,觉得孩子的行为是一种恶意的品行问题,是故意向教师、家长和权威挑战。事实上,注意缺陷多动障碍儿童虽然外表上是正常的,但是他们的许多行为是异常的,其行为异常主要是大脑执行功能缺陷引起的。注意缺陷多动障碍儿童所患的行为障碍就像他们心理上的“轮椅”,使他们无法以一种正常的方式运行。因此,家长对儿童的注意缺陷多动障碍应有科学的认识,还要接受系统有效的训练来改进儿童的行为,虽然这一过程可能是漫长的和反复的。此外,家长要无条件地接纳注意缺陷多动障碍儿童,不要把患有注意缺陷多动障碍的儿童和普通儿童进行对比,对他们提出过高的要求和期望,对注意缺陷多动障碍儿童表现出来的一些无伤大雅的行为不要太在意,更不要想当然地认为那是一种恶劣的、故意挑衅的行为。

(二)改善教养方式

家长教养方式作为精神因素的一个重要构成部分,与儿童注意缺陷多动障碍有密切关系。有学者研究发现,注意缺陷多动障碍儿童的家长较普通儿童的家长缺乏情感上的温暖、理解、信任和鼓励,多倾向于用权威性处罚来教养孩子,对他们严厉惩罚,没有耐心。有学者的研究进一步证明,注意缺陷多动障碍儿童的家庭亲密度、情感表达、娱乐性的评分都低于普通儿童家庭的评分,而矛盾性评分则高于普通儿童家庭的矛盾性,注意缺陷多动障碍儿童家长心理健康水平比普通儿童家长心理健康水平低,而且患儿家长在教育方式上过度强制。

家长在教育注意缺陷多动障碍儿童时,要多一些耐心和爱心。在儿童出现行为问题时,要冷静应对,不要动辄训斥和打骂儿童。平时要多花些时间与儿童进行沟通交流,有意识地陪儿童做一些游戏或运动,并在活动过程中给儿童一些有效的指导,以此来培养儿童的自控能力和自信心。要保持教养态度的一致性。在面对儿童的行为问题时,家长要采取一致的、理性的态度去面对,不能各执己见或前后要求不一。此外,家长也不要走向另外一个极端——因为同情他们,而包办替代儿童完成一些义务和责任。过度纵容儿童的一些行为,从而失去了让儿童自己体验生活与承担责任的机会,这样做会让儿童失去体验生活的机会,也会进一步增强注意缺陷多动障碍儿童内心的无能感,降低他们的自信和自尊。

(三)正向行为强化法塑造

注意缺陷多动障碍儿童虽然在行为上会出现一系列让家长或教师颇为头疼的问题,但是在内心深处,他们与普通儿童一样,都渴望能得到家长或老师的认可。家长的奖励或表扬能增强注意缺陷多动障碍儿童的正向的积极行为,减少他们的负性行为。有研究发现,奖励对注意缺陷多动障碍儿童自我评定的动机水平有积极的效果,反应代价对内部动机提升有正面效果。无论是在奖励还是在反应代价条件下,注意缺陷多动障碍的动机水平都得到了明显提高,且强化依随对注意缺陷多动障碍儿童的普通促进作用较普通儿童更为明显。

好行为记录本也是在家庭中实施正向行为强化法的有效手段。好行为记录本就是让家长用一个记事本记录下儿童的所有好的行为。每天注意缺陷多动障碍儿童的家长可以用心观察儿童一天来的表现,如果儿童能不需要家长督促而顺利地自己洗脸、刷牙、穿衣服,或者没有说脏话。家长都要用简短的词语记录下来,并不断在家中大声交流他们的这些好行为,以便让他们能够听到。晚上睡觉前,家长再给他们念一念记事本上的好行为,再一次让儿童意识到自己哪些行为是有益的,可以让家长满意的,从而强化注意缺陷多动障碍儿童的积极行为。

儿童注意缺陷障碍是让许多的心理治疗师、教师和家长较头痛和困惑的一种慢性行为障碍。注意缺陷多动障碍儿童常常会出现许多意想不到、难以应对的问题让家长去处理,家长也许会愤怒、痛苦、失望和无奈。但是,无论如何,家长都要无条件地接纳和关爱儿童,注意调整自己的教养态度和方式,随时关注儿童的积极行为,忽略或淡化儿童的消极行为,创设一种充满温暖和信任的,能够让注意缺陷多动障碍儿童从心理上感到安全的家庭精神环境，以预防和减少注意缺陷多动障碍儿童的不良行为。

思考与练习

1. 简述注意缺陷多动障碍儿童的发展。
2. 简述注意缺陷多动障碍儿童的教育策略。

第十二章 自闭症谱系障碍儿童的教育与保育

学习目标

1. 了解自闭症谱系障碍的定义、分类及成因。
2. 掌握自闭症谱系障碍儿童的评估方法、评估常用工具与发展特点。
3. 掌握自闭症谱系障碍儿童的学习特点、教育内容与教育策略。
4. 了解自闭症谱系障碍儿童的保育。

自闭症谱系障碍(autism spectrum disorder,缩写为 ASD),通常指的是一种脑部发育缺陷而引起的具有相似症状的一系列广泛性发展障碍。目前对于自闭症谱系障碍的成因还没有确定的结论,也没有发现能够彻底治愈自闭症的医疗康复方法,但通过一系列教育康复训练,它可以使自闭症谱系障碍儿童的残存功能和潜在能力获得最大限度的发挥,使他们的身体、心理和适应能力,获得最大限度的改善或恢复,最终使儿童接近正常或回归到主流社会当中。因此,每一名幼儿园的未来教师,都应当对自闭症谱系障碍儿童的概念、特点和行为表现有基本的了解和认识,并掌握在普通教育环境中对自闭症谱系障碍儿童进行教育的有效策略。

第一节 自闭症谱系障碍概述

一、自闭症谱系障碍的定义及分类

(一)自闭症谱系障碍的定义

顾名思义,“自闭症谱系障碍”并不单指某一类障碍,而是一系列具有相似症状和表现的障碍的统称。英国医生、自闭症研究专家罗纳·温首次提出了“自闭症谱系障碍”的概念:凡是满足“在社会性互动、人际交往上存在障碍,并且存在刻板、局限的兴趣和行为”这两个特征的儿童,均被定义为“自闭症谱系障碍儿童”。自闭症谱系障碍儿童通常包括典型自闭症(即最初的卡纳型,我国通常所称的“儿童自闭症”或“儿童孤独症”)、阿斯伯格综合征以及非典型性广泛性发展障碍等。该类障碍儿童的内部存在着巨大的个体差异,但在心理和行为方面又具有着本质的相似性,因此“自闭症谱系障碍”这一称呼的使用能够充分地将一系列障碍囊括其中(见图12-1)。

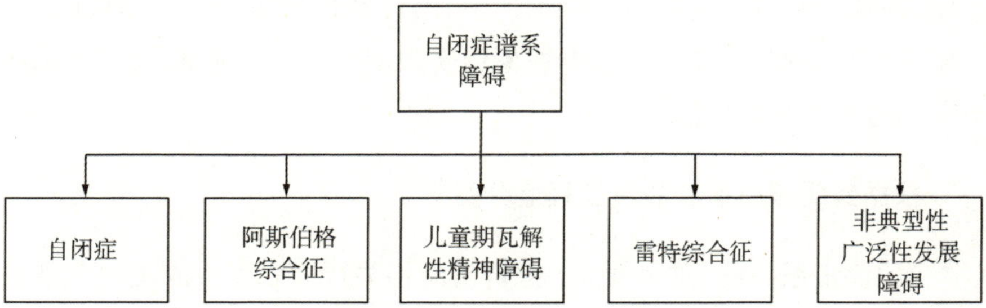

图12-1 自闭症谱系障碍的亚类型

（二）自闭症谱系障碍的分类

1. 根据缺乏社会互动的程度分类

自闭症谱系障碍儿童的主要特征是缺乏社会互动。由此依据缺乏社会互动的自闭程度将自闭症谱系障碍儿童分为三大类：即隔离型、被动型和主动特异型。

（1）隔离型

这类儿童主要是社会性缺损，特别是同伴关系，并且在靠近他人时会变得激动。他们非语文能力严重缺损，极少视觉接触及缺乏脸部表情。他们不会主动接近他人，但在寻求基本需求时会出现靠近，但缺乏外显的情感表现。极少参与象征或假想游戏，并缺少明显的内心意象，具有刻板化的倾向，虽然此倾向会随年龄而减少，但他们只是被其他更复杂的反复行为所取代。

（2）被动型

这类儿童除了想满足需求外，不会主动接近他人，但他们在他人接近时不会出现反抗，他们的模仿和语文沟通能力也较无损伤，因此较容易管理，无显著智力缺损，在学校表现不错。

（3）主动特异型

此类型儿童会主动接近他人，但出现古怪的幼稚或单向的表现，包括单向的沉溺，在他们跟他人说话的局限兴趣中，出现冗长唠叨、反复、刻板的表达方式。随着年龄增加，此方式会被更抽象但受限的兴趣行为所取代，他们很少将所学知识运用于日常生活。

2. 根据自闭核心症状的典型程度分类

“自闭症谱系障碍”这个概念，把自闭的相关行为表现看成是一个谱系，程度由低到高，低端的就是典型自闭症，高端的就逐渐接近普通人群，即高功能自闭症。引入谱系概念之后，所谓的自闭症，只要具备了核心症状的一部分，就没有“是与不是”的概念，更确切的是“在谱系内的缺损程度有多深”。根据此种分类，常见的类型及其区别如表 12－1。

表 12－1 常见自闭症谱系障碍比较

诊断标准	自闭症	高功能自闭症	阿斯伯格综合征
在社会性互动方面有质的缺陷，如：以非语言行为来协助社会互动的能力有障碍、缺乏社交或情绪的交互作用等	—	—	—
在沟通上有质的缺陷，如：口语迟缓，并且没有尝试以另外的沟通方式（如手势）来补偿、刻板或特异字句、与他人维持话题的能力	—	—	有沟通上的困难，但不明显（如谈话过度集中于相同的主题；不了解笑话或暗喻）
在行为、兴趣、活动方面有局限的、刻板的、重复的形式	—	—	—
3 岁以前，至少下列领域有一项以上的迟缓： 1. 社会互动 2. 使用语言为社交工具 3. 象征或想象的游戏	—	—	—
此障碍造成社会、职业或其他重要领域的功能临床上重大损失	—	—	—
智力表现	约 80% 有智能障碍：30% IQ 分数落在 50～70 之间；50% IQ 分数 <50	智力落在正常范围	智力落在正常范围，但 1/4 ～ 1/3 有认知上的困难

二、自闭症谱系障碍的成因

到目前为止,人们对自闭症谱系障碍的致病机制尚未完全阐明。但从总体上讲,自闭症谱系障碍是环境因素、生物因素和遗传因素等因素共同作用造成的。

(一)遗传因素

对自闭症谱系障碍患者的双生子和家庭成员的研究表明,一些患者存在明显的遗传易感性。同卵双生子之一患有自闭症,另一个的患病概率可达60%,甚至90%;而异卵双生子则只有5%的患病概率。结合自闭症谱系障碍的发病率,有研究推测,自闭症谱系障碍以及类似行为特征的遗传性达90%。除此之外,直系亲属患病率也受遗传因素的影响。

尽管研究认为自闭症谱系障碍是一种复杂的多基因控制的遗传性疾病,然而相关研究并没有发现确切的自闭症谱系障碍的致病基因,仍不清楚它们之间的联系机制。事实上,它的发病率逐年迅速升高提示着自闭症谱系障碍是遗传和外部环境相互作用引起的疾病,而环境可能更是值得我们关注的因素。

(二)环境因素

某些重金属,如砷、铅、汞、镉、锑和锰等会对人体神经系统产生毒害。有研究发现,重金属和生物异源物质会引起硫代谢异常,氧化还原水平以及甲基化都会受到影响。

值得注意的是汞对人体健康的影响并不简单,在体外,某些肠道微生物能够将汞甲基化或去甲基化,甲基化的汞具有神经毒性,可破坏神经系统,引起脑萎缩。

除汞外,铅在自闭症谱系障碍儿童体内的含量也显著高于对照组。一项对5~16岁的55位自闭症谱系障碍儿童和44位对照组的研究发现,重金属在自闭症谱系障碍儿童血液和尿液中含量更高,其中自闭症谱系障碍组血液中铅的含量高于对照组41%,尿液中的铅、铊、锡和钨含量分别比对照组高74%、77%、115%和44%,而血液中钙含量却比对照组低19%,并且,自闭症谱系障碍的严重程度与儿童体内的重金属含量密切相关。

(三)孕期的影响

自闭症谱系障碍的发病时间通常是3岁以内,关键时期是出生之前、期间或出生后不久,这段时间正是幼儿生长发育的关键时期,极易受到外界环境的影响。

有研究报道,父母生育时的年龄越大,儿童患自闭症谱系障碍的风险越高,并且祖父母晚育也会增加第三代患自闭症谱系障碍的风险。在怀孕期间服用药物可能增加自闭症谱系障碍风险,如孕期服用处方药丙戊酸钠和沙利度胺等。此外,母亲孕期接触可卡因和酒精,病毒感染以及甲状腺功能减退等都可能提高儿童患自闭症谱系障碍的风险。孕妇生活的环境会影响儿童,环境污染会增加自闭症谱系障碍的发生率。

第二节 自闭症谱系障碍儿童的评估与发展

一、自闭症儿童的评估

(一)评估方法

儿童自闭症谱系障碍的鉴别与评估主要由询问病史、精神检查、体格检查、心理评估和其他辅助检查组成。

1. 询问病史

询问病史包括向家长了解儿童的生长发育史、既往病史,儿童所在家庭的孕产史、家族史等。比如询问感知觉、运动、言语、认知能力等的发育情况,并对异常行为进行重点询问,包括异常行为是什么,异常行为出现的年龄、出现的频率、持续的时间,以及异常程度等。

2. 精神检查

精神检查主要采用观察法和访谈法,其中访谈法主要针对有言语能力的儿童。检查要点主要包括以下几个方面：观察儿童对环境的反应；言语发展情况；追视、对视情况；能否利用简单动作、手势及面部表情与他人进行交流；儿童的情感反应；儿童对游戏、玩具的兴趣度；儿童的刻板动作、强迫行为表现；儿童智力发展情况等。

3. 体格与辅助检查

体格检查即检查儿童躯体发育情况，检查项目包括：头围、面部特征、身高、体重、先天畸形情况、视听觉有无障碍、神经系统是否有阳性体征等。根据临床表现再有针对性地选择实验室检查。

4. 心理评估

目前国际上一般多以美国《精神障碍诊断与统计手册》中的自闭症谱系障碍诊断标准来作为诊断依据，心理评估的常用工具制订也多受该手册的影响。

（二）评估常用工具

我国的《儿童孤独症诊疗康复指南》指出，孤独症儿童的鉴别与诊断常用工具包括以下几类：

1. 常用诊断量表

目前，在国内主要通过克氏孤独症行为量表、孤独症行为量表、儿童孤独症评定量表（CARS）等来筛选、诊断和鉴别。如儿童孤独症评定量表（CARS）是常用的诊断工具。在使用筛查量表时，评定结果也仅作为儿童孤独症诊断的参考依据，不能替代临床综合检查。

2. 发育评估及智力测验量表

常用的发育评估量表有丹佛发育筛查测验（DDST）、盖泽尔发展诊断量表（GDDS）、波特奇早期发育核查表和心理教育量表（PEP）。常用的智力测验量表有韦氏儿童智力量表（WISC）、韦氏学前儿童智力量表（WPPSI）、斯坦福－比奈智力量表等。

二、自闭症谱系障碍儿童的发展

(一)认知发展

1. 智力发展

大约80%的自闭症谱系障碍儿童都伴随着智力障碍,并且存在着较大的个体差异,从轻度到极重度均有可能。同样,也有20%左右的自闭症谱系障碍儿童智力水平发展基本正常甚至超常,这部分儿童通常具备一定的学习能力,属于高功能自闭症谱系障碍儿童。

此外,自闭症谱系障碍儿童的智力发展同样表现出较大的个体内差异,与智力障碍儿童智力水平的全面落后不同,自闭症谱系障碍儿童在智力水平的不同领域上有差异较大的表现:在言语分测验上得分相对较低,而在数理逻辑、记忆、视觉加工等分测验上得分较高。还有相当一部分自闭症谱系障碍儿童能够表现出在阅读、计算、会话、音乐等方面的突出优势,远远超出其本身的智力水平,这一技能通常被人们称为“碎块技能”或“孤岛智力”,而具有超常才能的自闭症谱系障碍儿童也被称为“自闭症学者”。

整体来看,自闭症谱系障碍儿童虽然很有可能同时伴随着智力发展的障碍,但与智力障碍儿童有着本质的区别。一些智力正常或超常的高功能自闭症谱系障碍儿童能够基本正常地进行学习和认知活动。

2. 感知觉发展

大多数自闭症谱系障碍儿童都表现出比较严重的感知觉过于迟钝或过于敏感的现象,这也是很多自闭症谱系障碍儿童身上存在一定的、别人难以理解的自我刺激行为,也不喜欢别人触碰他脖子以上的部位的主要原因。

(1)听觉。听觉方面的异常是自闭症谱系障碍儿童感觉问题中最普遍、最严重的表现之一。很多自闭症谱系障碍儿童的听觉异常敏感,他们对环境中某些稍微有些尖锐或者响度较大的声音感到异常害怕,经常出现过激的反应,同时也会对生活中普通人不太在意的声音过于关注。但是,同时有另外一部分自闭症谱系障碍儿童对声音的感觉却非常迟钝,例如别人叫他们名字的声音、家长和老师的指令等，甚至对汽车的鸣笛声毫无反应，严重威胁着自闭症谱系障碍儿童的健康和安全。

自闭症谱系障碍儿童的听觉异常还表现在无法听到声音中的一些细节，存在语音识别和辨别的困难，因此，对于自闭症谱系障碍儿童来说，环境中的声音信息经常是超负荷的，他们无法剔除无关信息，从而也不能对重要的信息进行有效的加工。

（2）视觉。自闭症谱系障碍儿童的视觉极其敏感，并且能够对视觉信息中的细节具有高度敏锐的觉察和记忆能力。异常敏感的视觉也使得自闭症谱系障碍儿童在绘画方面的突出才能成为可能。视觉通道是自闭症谱系障碍儿童感知外部世界并进行学习的主要、优势渠道，因此，使用照片、视频等图像信息进行教学，对于自闭症谱系障碍儿童来说，有着事半功倍的效果。但是自闭症谱系障碍儿童对某些视觉信息的加工存在困难，最典型的便是对他人视线接触的回避，有的还出现对视僵硬、斜视等问题。

（3）其他感觉。除听觉、视觉两大主要感觉通道之外，自闭症谱系障碍儿童在味觉、嗅觉、触觉、平衡觉、本体觉等方面均可能存在一定的异常，但其障碍表现存在着较大的个体差异性。大部分自闭症谱系障碍儿童对于食物有着固着、刻板的喜好，只喜欢吃特定质地或味道的食物，改变食物将会给他们带来巨大的困扰和烦躁的情绪；有的自闭症谱系障碍儿童只喜欢穿特定材质的衣服，喜欢在原地转圈、前后晃动身体、甩手，或者迷恋荡秋千活动，这些自我刺激行为的出现均与其感觉功能方面的异常存在直接的关系。

3. 注意发展

在注意方面，自闭症谱系障碍儿童的关注点，即注意的对象往往显得比较奇怪，他们不太关注环境中与人物整体、情境相关的主流信息，反而将注意力集中在正常人不太关注的事物上，同时，自闭症谱系障碍儿童的注意广度通常较小，对于环境中的细节过度关注，这种广度受限、局部优势的注意特征使得自闭症谱系障碍儿童在学习、社交方面均出现一定的困难。此外，自闭症谱系障碍儿童在注意分配和转移上表现出明显的障碍，他们总是沉迷于自己感兴趣的活动中，从而对外界环境的其他信息置之不理，这种对部分事物的高强度注意严重影响了自闭症谱系障碍儿童与外界的交流和沟通，严重限制了儿童的社会性发展。

4. 记忆发展

记忆力可以说是自闭症谱系障碍儿童认知功能中相对优势的领域，他们的机械记忆和视觉记忆能力大多没有受到损伤，反而经常有超常、特异的表现。同样，并不是每个自闭症谱系障碍儿童都具备记忆力上的突出优势，而是存在着较大的个体差异，并且这种特异功能的产生原因和机制目前仍不清楚。与机械记忆不同，儿童对材料的意义记忆通常需要建立在对材料的充分理解并建立内部有机联系的基础上，因此，自闭症谱系障碍儿童在意义记忆上的表现并不理想，有时候他们能够准确背诵一个童话故事，但并不能真正理解其中的意思。

（二）语言发展

语言发展的严重落后是自闭症谱系障碍儿童的核心缺陷之一，并且大约一半的自闭症谱系障碍人士甚至终身难以发展出功能性语言。事实证明，很多家长正是因为关注到儿童最初在语言发展方面的障碍而去寻求专业诊断，最终确定为自闭症谱系障碍。

1. 语言理解

自闭症谱系障碍儿童在语义理解上表现出明显的异常特征，他们往往能够掌握大量的单个词汇，甚至具备比普通儿童更多的词汇量，也能够理解每个词汇的含义，并且具备正确的类别概念，但是他们却不能够利用这种对语义的理解来完成更加复杂的记忆任务。自闭症谱系障碍儿童的语义理解能力更多地与其图形加工等非言语智商相关，说明他们在语义理解时大多依靠较低水平的能力，这使得他们对于语义的理解受到较大限制，具有较强的刻板性和机械性，也限制了其对于已经掌握的词汇的灵活运用能力。

2. 语言表达

与语言理解相比，自闭症谱系障碍儿童在语言表达上存在的障碍更加明显，也更加严重。即使在能够获得语言的自闭症谱系障碍儿童中，也大多表现出机械重复的回声性仿说占主导、人称代词使用混乱、语音语调异常生硬等现象，其语言表达能力远远落后于同龄普通儿童。即使是能够具备一定语言表达能力的、程度相对较好的高功能自闭症谱系障碍儿童，他们在语言的使用上也经常不符合所处的具体情境，并且难以主动发起并维持对话。总之，在语言表达上存在缺损和障碍是自闭症谱系障碍儿童的主要障碍表现之一，严重影响其社会性的发展和生活质量的提高。

（三）社会性发展

自闭症谱系障碍儿童的核心缺陷便是社会性发展的落后和社交技能的障碍，难以表现出与年龄相符的、社会期望的行为。其社会性发展主要表现在交往动机缺乏和交往方式不当两个方面。

1. 交往动机缺乏

对于很多自闭症谱系障碍儿童来说，最大的问题在于交往动机的缺乏。与普通儿童不同，他们在特定的年龄阶段难以发展出恰当的交往欲望，例如，与爸爸妈妈的依恋、亲密的同伴关系等，也很难与其他人有持续的目光接触和交流。自闭症谱系障碍儿童往往活在自己的世界里，满足于自己某些非常规行为带来的快乐，而未能表现出与周围人交往的情感需要，更难以建立稳定、亲密的关系。

2. 交往方式不当

在有些阶段和某些特定的情境下，自闭症谱系障碍儿童能够有一定的交往动机，例如，想要得到某些自己喜欢的东西，想要参加自己沉迷的活动等，这些交往往往和自身的需要紧密相关，此时他们也能够通过一些行为来表达这种交往需要，但这些行为通常都是不正当的。交往方式的不当往往给家长和老师带来很大的困扰，因此对于老师和家长来说，充分明确自闭症谱系障碍儿童的需要是非常重要的，他们可以采用积极行为支持的策略，训练自闭症谱系障碍儿童运用正确的方式来表达需要，使其逐渐建立良好的交往行为。

第三节 自闭症谱系障碍儿童的学习与教育

一、自闭症谱系障碍儿童的学习

邓永兴在《试论孤独症儿童的学习特点与教学原则》中对孤独症儿童的学习特点进行总结，主要为以下几种：

（一）学习动机薄弱

大多数孤独症儿童的兴趣范围都比较狭窄，普通儿童一般对玩具等东西感兴趣，他们并不感兴趣，学习动机也比较薄弱。因此，他们往往没有兴趣参与课堂活动，即使参与，也常常在学习过程中表现得非常被动，甚至做出许多与环境要求不适宜的、不恰当的行为反应。

（二）过分专注细节

孤独症儿童容易专注于特定的细节，而不注意该情景更多的相关信息，更专注于情景的某一个方面，这导致了儿童在感知和行为之间更易于产生很局限的、单线条的关联。孤独症儿童在细节方面能有过人的能力，但却难以理解完整的图画。除此之外，很多孤独症儿童注意时间也是极其短暂的。因此，这种过度选择性的注意力常常会影响孤独症儿童的学习效果。

（三）机械记忆力为主

由于孤独症儿童的认知能力不足，语言理解力较弱，他们一般不能把不同的事物进行有效的组合形成有意义的概念，他们一般也不能明白事物背后形成的原因。他们较着重事物的某些部分或细节，未能掌握重要部分和整体概念，也不善于把相关的事情联系起来，找出其中的关系，归纳成有意义的概念或因果关系。

此外，有其他学者指出，自闭症谱系障碍儿童通常将信息素材以整块的形式而不是重组和灵活整合的方式进行存储和记忆。自闭症谱系障碍儿童的记忆像照相机一样将所有进入记忆系统的刺激一幅幅的保存，但每幅间的连接是有限的，在提取时会将有一点关联的几幅没经过整合加工的画面信息同时提取并表达出来，因此给人的感觉很混乱。

(四)特有的视觉、听觉优势的思维发展特点

大多数孤独症儿童的视觉辨别和记忆力较强，他们往往以视觉来分析和认识环境，常常用视觉来接受和处理外界刺激，因而视觉学习的能力往往优于听觉学习的能力；有的儿童听觉辨别和接收能力较弱，往往很难充分理解口语提示的内容，如他们在抄写或按颜色和形状进行分类、配对、排列、拼图等空间性活动时则表现出较佳能力，但对文字所表达的意义可能完全不理解，对教学时间、日常活动时间的理解也较弱。

(五)类化困难

类化是指将习得的知识、能力和技巧运用在需要的类似情境。有的孤独症儿童很容易学习到学业、社交、休闲和工作等方面的知识、技能和技巧，可是他们却很难运用习得的技巧，缺乏举一反三的能力，更缺乏灵活应用的能力。

(六)行为问题影响学习

大多数孤独症儿童都有一些行为问题。较轻的行为问题，如冲动、固执、过于焦虑而容易发脾气、不合作、自我刺激等行为，都会不同程度地影响他们的学习；严重的自我伤害和攻击行为问题还会严重地干扰课堂教学秩序；一些高功能孤独症儿童无法在普通学校学习而需要安置在特殊学校，有的甚至不能到任何学校而只能在家自行教育。

二、自闭症谱系障碍儿童的教育

(一)教育内容

基于自闭症谱系障碍儿童的认知特点，他们在学习材料上往往有比较明显的偏好和兴趣。例如有的自闭症谱系障碍儿童对于色彩鲜艳的图画、文字有较强的学习动机和专注力，有的自闭症谱系障碍儿童对于计算机或多媒体呈现的

动画更有兴趣，还有的自闭症谱系障碍儿童对于质地较为柔软、光滑的材料（橡皮泥）有明显的偏好。在学龄前阶段，可供教师选择的学习材料非常丰富，每一个自闭症谱系障碍儿童可能表现出不同的兴趣和需要，教师应据此进行恰当选择。

（二）教育策略

自闭症谱系障碍儿童教育策略的选择应当充分以其学习特点为依据，从而最大限度地提升教育教学的有效性。

1. 与自闭症谱系障碍儿童建立亲密关系

正如我们从本章有关内容中了解到的那样，自闭症谱系障碍儿童通常对自己不熟悉的人表现出明显的排斥，除家长或熟悉的养护者之外的人很难接近他们，接近他们往往会引起他们的情绪波动和过激反应。因此，在对自闭症谱系障碍儿童进行教育和干预时，首先要与他们建立亲密、友好并且信任的关系，创建和谐、融洽的氛围。

亲密关系的建立必须以成人对自闭症谱系障碍儿童的充分接纳和较高程度的了解为基础，因此，教师需要对班中的自闭症谱系障碍儿童进行较为长期的持续性观察，对其性格、行为、情绪等特点有所掌握。此外，教师还要了解自闭症谱系障碍儿童喜欢什么，在互动的过程中寻找恰当时机，利用具有强化作用的物品增进与自闭症谱系障碍儿童的亲密感和信任感。

2. 语言及沟通教学策略

目前，对于自闭症谱系障碍儿童的语言和交流能力的训练策略，包括直接的操作性言语训练和借助其他媒介的交流能力训练两种。

（1）直接的操作性言语训练。操作性言语训练是运用一系列步骤直接促进自闭症谱系障碍儿童语言能力发展的训练策略，首先，通常从促进其发声、语音语调的纠正等基础步骤开始。其次，让自闭症谱系障碍儿童模仿常见的简单物品发音，并逐渐能够独立说出词汇，进而命名常见物体、表达自己的需要等。在使用该方法时，应当避免仅仅对自闭症谱系障碍儿童进行反复的机械训练，让他模仿某些发音，而忽略其功能性语言的提升。真正有效的语言训练应当能够提高自闭症谱系障碍儿童交流的自发性和功能性，激发其交往动机，从而为社会适应能力的提升奠定基础。

(2)借助其他媒介的交流能力训练。对于确实难以发展出语言的重度自闭症谱系障碍儿童,研究者提出采用“扩大替代性沟通系统”的方法,帮助自闭症谱系障碍儿童完成沟通行为、表达自己的需要。这就能够有效克服语言功能较差的自闭症谱系障碍儿童的沟通障碍,提高沟通的效率。随着科学技术的发展,用平板电脑呈现图片的方式得到了发展和推广,这种呈现方式内容更加丰富,也更能够激发自闭症谱系障碍儿童的兴趣。

3. 行为干预策略

对于自闭症谱系障碍儿童的行为干预,目前世界上仍然以基于行为主义理论的应用行为分析策略为主要方向,但表现出明显的自然化、生活化趋势,即不仅仅局限于一对一的、专门场所的机械训练,还努力将训练融入自闭症谱系障碍儿童的日常生活中,在生活中创造并有效利用恰当契机进行行为训练,从而促进训练效果的自然迁移。

行为干预可以分为两大部分,分别是良好行为的建立和问题行为的矫正。对于前者,可以采用塑造法、连锁法等方法,将目标行为或技能依据儿童的现有水平分解成恰当的“小步子”,按顺序和程序对自闭症谱系障碍儿童进行训练。训练过程中应当注重激发自闭症谱系障碍儿童的学习动机,同时给自闭症谱系障碍儿童清晰、明确的指令,必要的时候可以以图片的形式示意其需要完成的任务,最终能够独立、按步骤地完成目标行为。某些社交行为和生活技能性行为的训练应当尽量在真实的情境中进行,在自然的状态中寻找并利用训练的契机。需要说明的是,行为塑造法的使用通常和强化法密切结合,即在儿童表现出期望行为或对目标行为做出有效的努力和尝试时,需要及时对其进行强化,以增强其任务完成的动机。因此,教师应当在对儿童充分了解并与家长沟通交流的基础上,选择恰当的强化物,既要能够充分发挥出强化效果,又避免对其身心造成不良影响。

对于问题行为的矫正,教师应当重视功能性行为分析原理的使用,即在对问题行为进行干预和矫正之前,首先通过系统的观察和分析确定自闭症谱系障碍儿童问题行为的原因,然后采用良好行为对其进行替代,从而有效地控制问题行为的发生。自闭症谱系障碍儿童问题行为的类型和出现原因与普通儿童可能存在很大的差异,这就要求教师在教学和管理过程中细致、耐心地观察,捕捉有用信息,并经常与儿童家长沟通,充分了解其行为习惯和特征。问题行为的矫正和干预同样应当和强化法结合使用,在自闭症谱系障碍儿童问题行为频率减少或者逐渐学会用良好的行为取代问题行为时,教师应当及时予以强化。强化物和强化方式的选择如上文所述。

4. 社交干预策略

在学龄前阶段,结合学龄前儿童的认知特点和兴趣,社会故事法是对自闭症谱系障碍儿童社交技能进行干预的有效方式。

(1)社会故事法概述。社会故事法作为一种认知取向的干预方法于1991年由美国心理学家Carol Gray首次提出,它主要是由专业治疗师、家长或者教师为自闭症谱系障碍所编写的,符合其社交技能发展需要和身心特征的社交小故事,在故事中使用自闭症谱系障碍儿童能够理解的语言详细地描述事件发生的背景,包含人物的基本信息、不同情境中的感觉、想法和做法,并对其中重要的社会线索和信号进行放大和强调。这种社会情境和人物应对方式的详细描述,使自闭症谱系障碍儿童能够增进对社会情境和规范的理解,从而提高他们的社会交往能力。社交故事法并不直接教授社交技能,而是利用自闭症谱系障碍儿童的视觉加工优势和对故事、图片等的突出兴趣,将恰当的社会交往技能蕴含在简短、有趣的故事中,以增进他们对于社交情境的理解,从而诱发出符合社会规范的社交行为和技能。由于社会故事法要求自闭症谱系障碍儿童具备最基本的认知和理解能力,因此该方法主要适用于中、高功能自闭症谱系障碍儿童的社交技能。

(2)社会故事的编写原则。由于针对自闭症谱系障碍儿童的社会故事有着特定的对象和特殊的目的,因此与一般意义上儿童阅读的小故事有着本质的区别。通常来讲,编写针对自闭症谱系障碍儿童的社会故事,需要遵循以下几个原则:①社会故事要有目的地向自闭症谱系障碍儿童呈现可靠的信息,鼓励其取得进步;②编写的社会故事应当包括主题导言、故事主体以及结论三部分;③故事应当能够回答“是什么”“为什么”以及“怎样做”等问题;④用第一人称或者第三人称写作;⑤使用肯定的语言和语气,少描述消极行为,以便突出积极行为;⑥必须使用陈述句,少使用疑问句、反问句等句型;⑦描述多于指导,让自闭症谱系障碍儿童主动从故事中提取信息以规范自身行为;⑧编排形式符合自闭症谱系障碍儿童的能力和兴趣;⑨提供适合自闭症谱系障碍儿童认知特点的图画、照片等,以增进对文本的理解;⑩选择恰当的标题。

第四节 自闭症谱系障碍儿童的保育

自闭症谱系障碍儿童需要终身的支持,他们的教育不是学校或干预机构单方面的责任。从儿童一生的发展来看,家长的教育理念和教育方法对儿童的影响尤为重要。家庭教育对儿童的康复起着决定性作用,家庭是管理儿童的课堂,家长是儿童最重要的教师。家庭教育的基础性、连续性、长期性,需要家长秉持持久、科学的教育理念。家长在儿童教育康复训练中的地位是特殊的、唯一的,儿童所起的作用也是别人替代不了的。家长是实施家庭康复教育的主要角色。家庭即学校,生活即课堂,家长即老师,行动即希望。

一、家庭康复的环境准备

家庭康复环境分为人文环境和物理环境。这两个部分贯穿在家庭生活的各个环节之中,相互作用,相互关联,家长如果能够合理把控与运用,可以更好地发挥家庭康复的作用。

(一)人文环境

自闭症谱系障碍儿童的康复训练是一个长期而艰辛的历程,家庭成员需要相互理解与协作,这是家庭康复必不可少的条件。很多自闭症家庭常常围绕儿童的问题而苦恼、心烦,忽视了成员之间正常的情感交流,这种消极的氛围,严重干扰了家庭的和睦,难以保证儿童得到有效的帮助。为保证良好的人文环境,家长要做到分工明确、统一观念、以身作则、生活化引导等,充分发挥家庭康复作用。

(二)物理环境

有关研究提示,自闭症谱系障碍儿童的学习多以视觉线索为主要通道,所以家长可以对家居现状进行有针对性的规划,尽可能通过环境的布置、空间的分隔,标识的明示、规律性的格局,帮助儿童设立相对稳定的一日生活与学习时间表,引导儿童定时、定点完成学习内容及生活步骤。例如:动静交替地安排学习活动,室内活动结束后可安排室外游戏,认知活动后可安排运动及娱乐游戏等。

另外,家庭环境中一切可能给儿童造成伤害的用品或场景都应当有安全防护措施。例如:生活用刀具和玻璃器皿要放在儿童接触不到的地方;电源接通时要进行固定,断开时移远插头,以免儿童随意插拔;备用的药物或消毒、清洁用品,也都要放置在儿童不易发现或接触不到的稳妥、安全之处。

二、家庭康复的技术准备

自闭症谱系障碍儿童的康复涉及心理学、教育学、社会学、行为学等多个领域,大多自闭症谱系障碍儿童家长都面临技术掌握不精、理论领悟不透的困难,达不到教育康复的预期效果,甚至可能带来更棘手的问题。因此,教师要从基础的康复知识与康复技能入手,教导家长,避免家长走入康复训练的误区。

(一)基本训练手法

自闭症谱系障碍康复训练有多种比较成熟并得到实践检验的技术与方法,特别是前面所介绍的几种教育策略和方法,都较适用于家庭训练,每一种方法在家庭训练中都有其独特的优势,需要针对儿童的具体情况进行选择,且需要灵活运用。

(二)注意事项

1. 一主一辅的训练方式

训练前一定要准确选择儿童的强化物;训练时应从熟悉的生活物品或场景入手。固定一名家庭成员(主训)和儿童进行一对一的训练,另一名家人在旁辅助。

2. 必要的提示帮助

必须给予自闭症谱系障碍儿童家长必要的提示,使他们有多次机会做出反应,并就儿童的良好行为进行多次的强化(这包括手把手练习、语言提示、手势和操作示范等)。家长需要把握的是,必须逐渐减少提示,直到儿童无需提示也能正确做出反应。

3. 利用偶发事件

在生活中,尤其是社会交往、社会适应等活动中,父母及其他家人要善于利用偶发事件,抓住机会促使儿童运用并展示获得的知识与能力,使知识与技能得到泛化巩固。

4. 时间的把握

家庭康复训练需要贯穿于日常生活的每一个环节,家长要根据儿童的生理年龄、整体发育水平(注意力、身体状况、情绪、刻板行为等方面),对训练时间进行恰当调整。一般2.5岁以前的儿童,每次训练10~15分钟;3~4岁儿童,每次训练15~20分钟;4~5岁,每次训练20~25分钟;5岁以上儿童,可保持在30分钟左右;6岁以上学龄前的儿童,时间可延长到40~50分钟。

思考与练习

1. 简述自闭症谱系障碍的定义及分类。
2. 自闭症谱系障碍的成因可能有哪些?
3. 自闭症谱系障碍儿童在学习上有哪些特点?
4. 简述自闭症谱系障碍儿童的教育策略。

第十三章 特殊儿童早期训练与指导多元干预方法介绍

学习目标

1. 熟悉蒙台梭利特殊教育思想;掌握蒙台梭利特殊教育的方法。
2. 掌握奥尔夫音乐教育的特色;掌握奥尔夫音乐对特殊儿童的作用。
3. 掌握感觉统合训练的内容与教师在特殊儿童感觉统合训练中的作用。
4. 掌握沙盘游戏应用于特殊儿童教育的特点。

特殊儿童的“早期干预”,是一项涉及面广,具有综合性和社会服务性质的特殊行为,其对象以学前有发展障碍或者有发展障碍可能的儿童为主,内容涉及儿童的家庭教育、社会再教育以及儿童的心理教育等多个方面,其能否得以顺利有效地实行,对促进特殊儿童自身的发展、促进社会文明的进步起着重要作用。

事实证明,蒙台梭利教育体系对智力障碍儿童有很好的干预效果,蒙台梭利认为应该让智力障碍儿童在“有准备的环境”中进行专心的“工作”,以帮助他们健康成长。

奥尔夫音乐教育强调一切从儿童出发,选择最符合儿童天性的民歌、童谣、谚语等教学素材应用于儿童音乐教学之中。奥尔夫音乐通过声乐给特殊儿童快乐和美的体验,通过律动提高特殊儿童的自我表达能力,通过聆听提高特殊儿童的感知能力,通过音乐假想游戏达到更好的治疗效果。

在对儿童进行感觉统合训练时,有关人员既要考虑他们作为儿童的特点,他们的成长发育并未成熟，尚处于发展的阶段；也要考虑他们的特殊性，他们作为特殊儿童或伴随其他障碍，这是训练工作无法回避的重要影响因素。因此，在训练的过程中要遵循相关的原则。在训练的过程中也应该注重趣味性、科学性与系统性相结合。

为了给特殊儿童身心健康发展找寻一条有效的路径，特殊儿童教育工作者经过理论分析与实践验证，将沙盘游戏应用到言语和语言障碍儿童、自闭症谱系障碍儿童以及注意缺陷多动障碍儿童等研究领域，并通过相关的研究，证实了其对特殊儿童教育的有效性。

第一节　蒙台梭利教育法

一、蒙台梭利特殊教育思想概述

蒙台梭利经过多年在对智力障碍儿童的观察、实践和总结的基础上逐渐形成了自己的特殊儿童教育思想与方法，其主要观点可从如下几个方面来了解。

（一）对于特殊儿童尤其是智力障碍儿童，教育手段应是首选

在蒙台梭利刚接触智力障碍儿童时，这些儿童被人们看作与精神病人同等性质的疾病，在干预措施上人们主要采取药物等治疗手段。在蒙台梭利后来对这些智力障碍儿童的研究中，她越来越坚信药物治疗不能拯救他们，教育才是更有效的手段。仅以药物治疗智力障碍儿童的做法完全忽视了其本身能力的发展。她认为良好的教育途径与方式能提高智力障碍儿童的智力，在实践中她在这方面也确实取得了辉煌的成就。

（二）注重动手操作

蒙台梭利认为，智力障碍儿童发展智力需要通过双手来操作，要通过有意义的“工作”来促进智力的发展。在实践中，她设计了很多的教具让智力障碍儿童操作，这对促进他们智力的发展具有非常重要的作用。

蒙台梭利发现，儿童具有工作的本能，儿童可以通过工作来完整构建自我。

蒙台梭利所谓的“工作”，就是儿童在“有准备的环境”中与环境相互作用的活动。蒙台梭利认为，儿童必须通过自己的“工作”才能使自己达到心理的健康发展。蒙台梭利认为儿童“工作”的敏感期是3岁~6、7岁。在这一段时间里儿童像一个“工作狂”，以令人惊讶的热情投入“工作”。在自由开放的空间中，当儿童全身心投入到自己选择的工作之后，他们会表现出极度的欢愉、平和与宁静，这时他们的某些需要就能得到满足，心智上也就达到了平衡与和谐。可见，“工作”首先使儿童个性成长进入秩序状态，并为其继续成长创造广泛的可能性。

（三）为智力障碍儿童提供“有准备的环境”

“有准备的环境”是蒙台梭利教育的基本术语之一，也是蒙台梭利教育的核心。对于智力障碍儿童来说，教育者必须构建比普通儿童更加灵活的环境。在环境设立时要考虑到个体的能力、发展与障碍，以及治疗的需求等问题。对于每个个体所需要的环境，教育者必须事先进行必要的评估，有计划、有目的地预备好教育环境。其主要内容如下（见图13-1）：

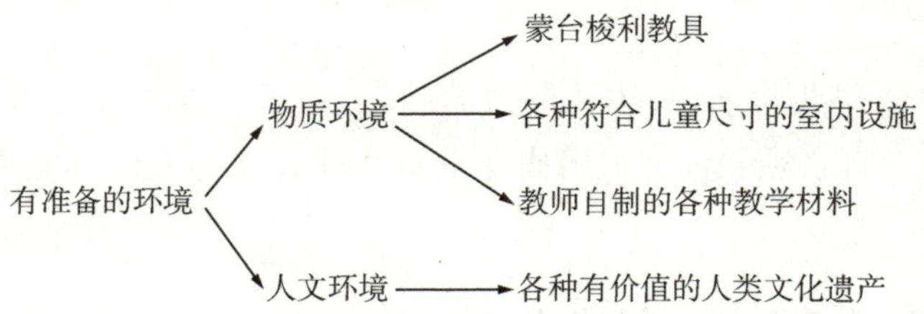

图13-1　蒙台梭利教育中的“有准备的环境”

蒙台梭利特殊教育对环境设置的要求如下：

1. 教育环境必须能够提供符合特殊儿童发展和自由操作的各种活动材料，这些材料应是真实、可操作的，并且符合特殊儿童发展的节奏和步调，随着特殊儿童的发展不断更换。

2. 教育环境必须是有秩序的、美的、对儿童有吸引力的，同时也必须能保护特殊儿童，使其能安静而有秩序地生活，有利于其正常的发展。

3. 教育环境应该是一个特殊的、区别于成人世界的环境，并且这个环境能够保护特殊儿童。

（四）保障智力障碍儿童的自由与独立

蒙台梭利认为，“我们必须采用以自由为基础的教育方法去帮助儿童获得自由”。“前一个自由”是指活动的自由。在蒙台梭利看来，只有自由的环境经验才能使人具有发展的可能，因此在蒙台梭利教室里，儿童可以自由选择教具、选择活动，自由决定“工作”的时间，自由进行人际交往，没有人为的比赛和惩罚。后一个“自由”是指独立自主的人格。蒙台梭利认为，儿童天生就能够以直接且积极的方式追求独立，而成长就是向更高层次的独立不断推进，因此，“教育介入的首要形式，必须以引导孩子向独立自主的方向发展为目标”。蒙台梭利认为对于智力障碍儿童，我们更应该保障他们的自由，帮助他们获得独立。

蒙台梭利反对借助各种细微的管理技术去完成对特殊儿童的管理与控制。利用铃鼓韵律、注视、口令甚至儿歌来完成对儿童身体及其动作的规范；使用惩罚、贴标签、命令、表扬等手段使儿童“听话”，来完成对儿童的控制，并借此形成儿童生活的普遍秩序。在这种生活秩序下，儿童仅被作为常规生活的客体，被动地接受和驯服，其主动性被压抑、主体性被抹杀、创造性被扼杀、积极性被磨灭。常规生活遮蔽了儿童本应拥有的丰富的日常生活，成为儿童自由和主动性的镣铐。

对于智力障碍儿童来说，生活能力的独立，运动的基本技能等是迈向自由的第一步。教育者必须关注智力障碍儿童身体和心理等方面的能力，培养其独立性。

（五）教师要承担多方位角色

1. 环境的提供者

特殊儿童教师要根据特殊儿童的需要，创设具有兴趣性和探索性的可供儿童活动的材料和环境，在观察、研究儿童的基础上精心设计可以服务于儿童发展的、作为儿童活动对象的环境。教师通过准备适当的环境和材料引发特殊儿童的学习兴趣，并引导儿童在和环境的相互作用中、在对环境材料的操作活动中主动地学习。

2. 自由的保障者

在为智力障碍儿童提供了适宜的环境以后，教师还应引导其积极、主动地探究环境、操作环境，让特殊儿童切实成为活动中的“主体”，保障特殊儿童活动的自由。蒙台梭利所认为的自由是“有限制的自由”“有规则的自由”，不是任何人都能够无条件或无限制地享有的“自由”，在“团体利益优先”的原则下，对违反大家须共同遵守的规则的儿童，对妨碍或干扰别人活动的儿童，教师应适时介入，限制其自由。

3. 特殊儿童发展的协助者

蒙台梭利认为，教师应成为特殊儿童发展的协助者，多给智力障碍儿童提供舞台，指出方向，关键时刻给予指导的“导师”，是特殊儿童发展的协助者，是“特殊儿童的仆人”，必要的时候给予适当的帮助。

（六）对智力障碍儿童进行个别化教育

智力障碍儿童不具备健全儿童完全的独立性，个人发展的差异性比较明显。在蒙台梭利教育中能够发现，智力障碍儿童个体差异显著，这必须引起教育者的关注。教育者应该根据儿童智力障碍程度的不同进行一对一的个别指导，通过这种方式进行教育应该成为对智力障碍儿童主要的教育方式。教育内容的选择必须要针对这个智力障碍儿童的发展能力，使其符合儿童发展需求。

二、蒙台梭利特殊教育的方法

（一）感官训练法

感官训练是蒙台梭利教育方法中最引人注目的一个方面。她认为，第一，学前阶段的儿童处在各种感觉的敏感期，这段时间进行感觉教育可以使他们的感觉获得良好的发展；第二，感觉教育与智力培养密切相关；第三，通过感觉教育可以在早期发现感官缺陷，并且及时采取措施可使其得到矫正和改善。她把感觉教育分成触觉、视觉、听觉、嗅觉和味觉等感官的训练，各种感官又细分成若干种，专门设计了各种教具。每一套教具都由若干部件组成，所有部件除了某一方面有量的差异之外，其余的性质都相同。

蒙台梭利注意到智力障碍儿童和普通儿童对同一套感觉训练教具的反应是不一样的。蒙台梭利用带插座的圆柱体组来训练儿童的眼睛对面积大小的不同感觉。训练的要求是让儿童从打乱摆放的圆柱中挑选出适合的插入相应的圆穴。对于智力障碍儿童,这个练习显然是太难了,需要从具有更鲜明对比的练习开始,只有事先进行许多预备练习之后,才能进行上述练习。而且在做这项练习时,教师需要不断地提醒他注意,要他瞧着木板,把不同大小的圆柱给他看。如果他把圆柱都插回了原位,他就停止不动了,游戏就结束了。不论什么时候出了错,都需要替他纠正,或促使他纠正。即使当他能够自己纠正错误的时候,通常表情也很冷淡。然而,普通儿童则可以不经预备练习立即开始,且自始至终自发地表现出浓厚的兴趣,把妨碍和帮助他的人推开,愿意独立解决问题。可以这样说,蒙台梭利在观察中已经发现了智力障碍儿童与普通儿童在心理特征上的某些差异,并且比较正确地认识到智力障碍儿童思维发展缓慢、缺乏学习兴趣和主动性、情感发展迟滞等心理特点。

蒙台梭利还指出,对智力障碍儿童和普通儿童进行感觉训练时,不能用完全相同的技术。比如,感觉隔离是蒙台梭利在对普通儿童进行感官训练时所采用的一个重要技术。她认为在训练一个感官时要尽可能地排除其他感觉渠道的干扰,以使被训练的感官印象来得纯正清晰。为了训练触觉,她要求儿童在暗室里,甚至蒙上眼睛,操作触觉教具,这种做法必然能提高注意集中的程度。但是,她认为这种感觉隔离的技术不能用在智力障碍儿童身上,因为智力障碍儿童一进暗室,往往就会睡觉,或者做不守规则的动作,当蒙上眼睛时,他们的注意力就集中在蒙眼布上,把练习变成了游戏,达不到做练习的目的。蒙台梭利这种尊重智力障碍儿童与普通儿童的差异,并且根据他们的差异采取不同教育训练方法的科学态度,是非常值得我们称道和学习的。

(二)三阶段教学法

蒙台梭利认为,在对智力障碍儿童进行感官训练时,应该把感觉和语言联系起来。比如,她采用“三阶段教学法”来教智力障碍儿童识别一些概念。在蒙台梭利教育的教学过程中,当教授给儿童新的单词或概念时,教师通常都使用“三阶段教学法”,它包括对形状、色彩、声音、物体的名称以及字母、数字等的练习。“三阶段教学法”是让特殊儿童了解名称与概念的教学方法,应该是在儿童能掌握教具的特性,并且有辨别特性差异的能力之后,才开始的一项练习。也就是教师在做完基本操作提示之后,儿童对教具有个充分的练习后才能够实施。

1. 命名

教师给物体赋予准确的概念，帮助儿童在物体和所对应的名称之间建立联系。基本语句是："这是……"。

具体操作时的注意事项：

(1)应把物体交给儿童充分感知，然后加以命名。

(2)命名之前，要做一个短暂的停顿。

(3)命名时语言一定要简洁、准确。例如，这是大的。

(4)重复几次，直到教师认为儿童已经在物体和名称之间建立了联系。

2. 辨别

请儿童辨别与名称或概念相对应的物体。这一阶段可以明确知道儿童是否真正理解所教授的内容。基本语句是："哪一个是……"。例如，在教授大小的概念时，辨别阶段应问："哪一个是大的""哪一个是小的"。也可以说"请把大的举过头顶""请把小的藏在身后"等。语句可以多样，目的是完成概念与物体的对应。

具体操作时的注意事项：

(1)在组织练习时尽量具有趣味性，调动起儿童的积极性。

(2)儿童在该阶段出现错误，教师不要马上纠正，应该再回到第一个阶段，然后再进行第二个阶段，多做些反复的练习。

3. 发音

请儿童说出所指物体的名称或概念。基本语句是："这是什么"或"这是怎样的东西"。这一阶段可以明确知道儿童是否掌握了物体的正确名称，可以知道儿童的发音是否准确。

具体操作时的注意事项：

(1)如果儿童能够说出名称，但是发音不准确，老师可以马上进行示范纠正。

(2)如果儿童不能说出正确的名称，教师要返回到第二阶段，重新进行辨别命名。

（三）书写教学法

蒙台梭利认为这个方法就是先让智力障碍儿童练习准备性的动作，然后再进入实质性的工作。因为，准备性的动作容易学会并能变成一种机制，可以帮助儿童顺利完成他以前没有直接着手进行过的工作。

在这种思想的指导下，她制造了一套既漂亮又精致的木制字母来教授智力障碍儿童学习书写。蒙台梭利要儿童将可以移动的木制字母放到相应的纸卡字母上，告诉他们字母的名称，让他们反复触摸木制字母，先用食指，然后加上中指，最后拿一根小木棍触摸字母。蒙台梭利认为这种触摸练习不仅可以帮助儿童建立起每个字母相应的肌肉运动的记忆，还能训练儿童把握和运用书写工具所需的肌肉运动机制。掌握了以上这些准备性动作后，儿童很容易就能学会书写。

蒙台梭利书写教学法与感官训练有密切的关系，该方法是充分利用智力障碍儿童的触觉的结果，值得我们在智力障碍儿童的教育实践中予以进一步的探讨和研究。

蒙台梭利是真正专心致志观察过、研究过并帮助过智力障碍儿童的教育家，她的教育方法也确实被证明对智力障碍儿童的康复有非常好的效果。因此，在智力障碍儿童的群体中应用蒙台梭利教育方法具有极大的可行性与必要性。

第二节　奥尔夫音乐教育法

一、奥尔夫音乐教育的特色

（一）原本性音乐教育的原理

奥尔夫音乐教育的原理可以归纳为以下几点：

1. 综合性

追求“原本性”音乐，倡导综合性音乐教育。奥尔夫认为：“原本的音乐是接近土壤的、自然的、机体的、能为每个人学会和体验的、适合儿童的”“原本的音乐绝不是单纯的音乐，它是和动作、舞蹈、语言紧密结合在一起的。这是人类本来的状况，原始的，也是最接近人心灵的。因此可以说音乐是综合的艺术”“音乐来自动作，动作来自音乐”。因此，在奥尔夫音乐中，音乐不再仅仅是旋律和节奏，而是与儿歌说白、朗诵、律动、乐器演奏和伴奏、舞蹈、戏剧表演甚至绘画、雕塑等视觉艺术紧密联系在一起，成为不可分割的部分。音乐不是以单一的形式存在的，不是单纯用嘴唱或用耳朵听。它是一种综合的艺术，可以一边唱，一边跳，一边用乐器演奏，也可以在音乐中进行互动和游戏活动。

2. 参与性

奥尔夫音乐强调以自然的本性为出发点，强调儿童亲自参与、诉诸感性、回归人本，强调必须自己动手、动脚、去唱、去奏、去跳、去舞蹈和表演。在这种综合性艺术观指导下，奥尔夫不仅教儿童唱歌识谱，而且也教儿童演奏乐器。在教儿童演唱、演奏的同时，还结合自由朗诵、即兴舞蹈、歌唱和奏乐来进行艺术实践活动，并鼓励儿童在活动中身心投入地进行创作、表演和游戏，所以奥尔夫音乐具有很强的参与性。

奥尔夫音乐强调音乐、人声、音响和动作的统一，并和各种节奏水乳交融地融合在一起，音乐通过拍掌、跺脚、行进等最原始的人体动作状态被娱乐性地艺术地呈现，带给人身心无比的愉悦。

3. 即兴性、幻想性、主动性和创造性

儿童的生活经验没有受太多的社会影响而定型，因此他们天然地具有对音乐的创造性。在看到一幅图画后，他们可以根据自己的理解用音乐去表达。通过简单的乐器即兴演奏、即兴表演，这种形式使儿童也能从事艺术家的工作，用音乐去挖掘、去创作、去发挥想象力。当没有乐器时，他们也能用手、脚、筷子、报纸等代替乐器进行演奏，充分体现对乐器的创造性。

奥尔夫推崇儿童主动学习音乐。奥尔夫的乐器不是具有高度精确性或高度科技化的乐器（如钢琴、电子合成器等），而是人的身体动作（如拍手、跺脚、捻指等)、原始的发声器(如铃鼓、手鼓、木鱼等)和奥尔夫自己设计发明的“奥尔夫乐器”(一种音条可以灵活拆装的敲击乐器,包括木琴、钟琴等)即音条乐器。即兴性是奥尔夫音乐教育体系最核心、最吸引人的构成部分。尽量让儿童自己随着听到的音乐设计他们的乐器和动作来伴奏。

4. 互动性

奥尔夫音乐活动互动性很强,很多表演、演奏和游戏需要双人、三人或多人的配合和合作,所以还培养了儿童的互动精神和一种“团队”的意识及密切的亲子关系,很多音乐活动需要儿童们或儿童和家长间互相配合协作,从中不仅会促进双方和多方的交流和合作,还会增进相互的感情,密切相互的关系,促进儿童情商的发展。

5. 重视体感(结合动作)

奥尔夫音乐重视身体的参与,不仅有多种声势练习,把身体的各部分当作乐器来进行节奏练习、朗诵和音乐伴奏,还强调各种伴随音乐的律动和舞蹈,以及带动作的互动交流和音乐游戏,让身体最大限度地参与到音乐当中,犹如原始部落庆祝狩猎和丰收的欢歌乐舞,极大地调动起儿童内心的活力和热情。

(二)奥尔夫音乐教育内容的特色

具体的课程内容主要包括嗓音造型、动作造型、互动音乐游戏和戏剧表演、声音造型四个方面。其中嗓音造型包括歌唱活动和节奏朗诵活动。动作造型包括律动、舞蹈、指挥和声势活动等,声势活动是一种用儿童的身体做乐器、通过身体动作发出声响的一种手段,以此进行节奏训练和音乐伴奏的简单又有趣的活动。声势就是捻指、拍掌、拍腿、跺脚等身体动作的简称,在各种节奏中变化无穷。声音造型即指乐器演奏活动,各类的乐器有无数种。根据歌曲或乐曲而精妙设计的伴奏,教师和学生可以对同一首歌曲有多样化的设计或即兴创作,带给音乐无限的变化空间。互动音乐游戏和戏剧表演分别以集体舞和音乐剧为代表。

奥尔夫认为,这种集诗、舞、乐、戏剧为一体的综合性课程内容不仅符合人类生活的原始性、原本性,同时也符合儿童的特点和他们学习音乐的自然天性。

二、奥尔夫音乐对特殊儿童的作用

(一)提高特殊儿童的参与能力和主动性

奥尔夫音乐带有综合性的自娱特性,不仅仅让儿童单向地听音乐,还让他们一直参与在音乐当中,与音乐形成双向互融的关系。奥尔夫音乐极大程度地调动了特殊儿童的参与意识,通过儿童拍打自己的身体、使用打击乐器、舞蹈和互动音乐游戏等多种活动形式,有效地吸引了儿童的注意,提高了儿童的主动性。

(二)培养特殊儿童的专注力

奥尔夫音乐中伴随有大量的声势练习、律动和舞蹈,要求儿童跟着音乐做各种动作,而且随着音乐和动作、游戏的进行要不断变化,儿童必须密切注意音乐、教师和伙伴的动作并随着模仿或配合互动,对培养专注力有很大帮助。“首先它是培养听的洞察力,要求听要专注,只有专心地听,才能培养注意力”。所以,专注力的训练首先从听觉的专注开始。奥尔夫音乐中一些有视觉吸引力的道具和奥尔夫乐器的使用,都能起到很好地吸引注意力的作用。

由于在上课时,特殊儿童耳朵要听,眼睛要看,嘴中要唱,还要配合各种动作,这不但调动了特殊儿童各个器官的注意力,还使特殊儿童专注力得到了有效的提升。

(三)培养特殊儿童的听力

特殊儿童常常存在听力异常的情况,2~6 岁是特殊儿童听力发展的关键期,听力直接关系到特殊儿童的认知理解与语言能力。这个时期让他们多听各种各样的声音和节奏,有助于听力的发展。奥尔夫音乐涉及丰富多样的乐器(包括儿童自己将身体作为乐器以及生活中的锅、碗、瓢、盆、筷子等许多生活用品均可成为乐器),有助于加强特殊儿童的听觉和改善他们的听觉反应能力,从而促进特殊儿童的康复。奥尔夫音乐中包含了多样化的听觉练习,如听音乐的长度决定做动作的快慢和停顿,听音乐的变化来变换动作和游戏,听不同的乐曲走不同的步伐,根据乐器的指挥来变化动作等,这些都可以很好地锻炼儿童的听力和反应能力。

(四)培养感知觉能力

奥尔夫音乐注重儿童多感官的参与,对特殊儿童的感知觉训练方面有独到之处。声势练习是身体乐器参与音乐的伴奏,律动是身体伴随音乐变换动作,在听觉刺激的同时让眼、耳、鼻、喉、触觉和身体其他部位都得到了感觉的锻炼。由于教学中会伴有各种形象的视觉和触觉的提示,如让儿童用手摸彩带来感受音乐的长度,看着小青蛙的模型做小青蛙拍打身体和跳跃的动作,根据音乐的长度和变化决定动作的长度和变化等,因此,这种音乐形式能很好地提高儿童的感知觉能力,而这种能力在身体乐器和打击乐器的伴奏下得到了很大的强化。

(五)培养模仿能力

奥尔夫音乐有很多乐曲要求老师做动作,儿童跟着做,如走线、声势练习和律动等。在音乐中儿童努力模仿老师的动作,这使得儿童的模仿能力获得较大程度的提高。

(六)提高手眼耳协调能力、身体协调能力和感觉统合能力

奥尔夫音乐的乐器伴奏要求儿童随着音乐的节奏用不同的乐器进行伴奏,乐器的使用具有很强的锻炼手眼耳协调的作用,也能提高各器官的协调能力。这种伴奏往往是在教师的手势指挥和提示下进行,这极有效地促进了手眼耳协调的能力,特别是手耳协调的能力,对提高特殊儿童对外界的反应能力有很重要的意义。

在使用各种乐器进行伴奏的练习中,精细能力和小肌肉能力也得到了很好的锻炼和提高。奥尔夫音乐包括大量的声势练习、律动、动作、舞蹈、集体舞和音乐剧,这些练习都有助于提高儿童的身体协调能力和感觉统合能力。

(七)提高记忆力

传声练习和对歌词的朗诵、歌唱可以反复训练儿童对声音形象的记忆,提高儿童的听觉记忆从而提高大脑的记忆力。由于音乐是连贯而不间断的,进行中的音乐会使儿童的记忆形成一种惯性和连续性,因而儿童潜移默化地熟悉和

记忆歌词和曲调。声势练习、节奏练习、律动、舞蹈和音乐游戏的各种动作模仿可以提高特殊儿童的视觉记忆力，进而也提高了他们的记忆力。

（八）提高认知和理解能力

奥尔夫音乐“主要的着眼点不在于理性地传授知识、技能，而在于自然地、直接地诉诸感性，在感性的直接带动下，在奏乐的具体过程中，学会知识，掌握技能”。儿童在学习奥尔夫音乐的过程中，配合了视觉的提示，有时他们可以用图画来表示音乐，比如当听到流水潺潺的声音时，儿童可能画出一条弯弯曲曲的线；听到海浪的声音时，儿童还可能画出一条条此起彼伏的线，以加强对音乐的理解。教师在儿童学习大象的歌时出示大象，蝴蝶的歌时出示蝴蝶，让儿童在音乐中认识音乐所表现的具体事物。

（九）提高语言能力

人声是奥尔夫音乐的第一项乐器。传声练习是奥尔夫音乐的基本练习。在传声练习中，教师可以根据儿童的不同情况有针对性地传递儿童需要学习的声音，可以是单音、双音或句子，特别要注意使用动物的叫声和象声词来加强对儿童的语言训练。朗诵往往是音乐活动开始时的练习，在朗诵中儿童锻炼了语言能力。

奥尔夫音乐的歌曲和歌唱是与舞蹈动作结合在一起的，所以儿童在音乐和舞蹈中加强了对语言的兴趣，把语言形象、音乐和舞蹈结合起来，加深了印象。在动听的音乐中也更有利于训练自然发音和语言表达。

（十）培养交流和合作能力

奥尔夫音乐非常重视集体的音乐活动，一般是多人参与，通常 8 ~ 10 人或 10 人以上，其中有多种的 2 人、3 人或多人的互动音乐活动，可以有效地培养儿童的交流和合作能力。

（十一）增进情感和情商

奥尔夫音乐的很多乐曲都有相互握手、拍手等带身体接触的情感交流，都有非常温馨的亲子互动的动作和舞蹈，这些轻松、愉快的音乐可以增进亲情的交流，有助于特殊儿童加深对伙伴、对亲人的情感，增强其团队意识。

(十二)改善情绪和行为问题

奥尔夫音乐大多是轻松愉悦的音乐和活泼欢快的歌曲,对儿童和家长都可以起到改善情绪的作用,让愤怒的情绪降低、慢慢变平缓,让急躁的情绪慢慢恢复平静,让平淡的情绪慢慢变得欢快和开心,音乐会在不知不觉中充当一个快乐天使,起到让人开心的作用。儿童的情绪平稳好转了,行为问题就会有相应的改善。

总之,奥尔夫音乐以儿童喜闻乐见的形式,使儿童不仅学习了音乐,还通过音乐,开发了特殊儿童多方面的能力,挖掘了儿童的潜能,有助于特殊儿童的康复训练。

第三节　感觉统合训练

一、感觉统合概述

在母亲的子宫内,胎位变化的过程中,触觉、前庭平衡、本体平衡等能力就已经逐渐在发展。出生后,它们和视、听、嗅、味等感官更不断地相互影响。在大脑中的感觉中枢相互联系着,这些感觉神经的交错程度,比任何网络都复杂。这种进入大脑的感觉刺激信息,在中枢神经形成有效率的组合,就叫作“感觉统合”。正因为有这种能力,大脑才能协调身体对外界做出适当的反应。在达到各种目的的协调行动上,感觉统合的能力非常重要。然而特殊儿童在感知觉、语言等多方面发展迟缓,在他们的早期教育中注重感知觉与动作的发展训练是十分重要和必要的,感觉统合训练能够有效地促进特殊儿童的智能开发和综合能力的提升,在他们日后学习、生活中起着举足轻重的作用。

二、感觉统合训练内容

感觉统合训练包括提供前庭、本体和触觉刺激的活动。训练中教师指导儿童参与各种活动,这些活动是对儿童能力的挑战,要求他们对感觉输入做出适应的反应,即成功的有组织的反应。新设计的活动逐渐增加对儿童的要求,使他们有组织地反应和更成熟地反应。在指导目标活动的过程中,重点应放在自动的感觉过程上,而非指导儿童如何做反应。在一个学习活动中,涉及的感觉系统越多,学习的效果越好。

感觉统合训练过程几乎总是让儿童感到愉快,对儿童来说,治疗就是玩,成人也可以这样认为。但训练同时也是一个重要的工作,因为训练中有教师或训练人员的指导,儿童不可能在没有指导的游戏中取得效果。设计一个游戏气氛不只是为了愉快,而是让儿童更愿意参与,从训练中获得更多的收益。

三、教师在特殊儿童感觉统合训练中的作用

(一)创设氛围,快乐体验

特殊儿童缺乏个人动机与兴趣,主动性差,意志水平低下,在训练中教师单纯地采取强迫手段,或者使用乏味的机械训练,特殊儿童会产生厌烦、恐惧、害怕等不良情绪,训练遭到失败,甚至会产生副作用。所以在训练中创设良好的氛围是至关重要的,让特殊儿童喜欢身处其中,在快乐的气氛下全力去做,这样也容易发展出原本不足的能力,教师创设良好的氛围可以考虑以下几个方面。

1. 音乐合理化

特殊儿童对音乐敏感性强,教师在训练中选择一些他们喜欢的音乐,可以有效地调动和调整特殊儿童的情绪,使他们很快地进入到教师设计的游戏活动中并配合治疗。教师对音乐的选择也要因人而异,音乐参与特殊儿童感觉统合训练中会起到事半功倍的效果。

2. 情节趣味化

赋予感觉统合训练游戏化的情节,能增强趣味性和娱乐性,更进一步激起特殊儿童良好的情绪和积极从事活动的力量,从而使他们活跃起来。

3. 语言游戏化

在感统训练中,教师要有意识地关心、启发、暗示、引导和鼓励特殊儿童,而

不是以主观命令去代替他们想、代替他们做，其目的是启发他们的想法，使他们玩得更愉快。在训练过程中，教师可以用角色身份贯穿活动，处处以游戏的口吻进行引导，特殊儿童定会兴趣盎然，同时主动参与，因此，训练也就达到了锻炼身心的目的。

4. 动作儿歌化

教师单纯讲授动作的要领，特殊儿童很难理解而且会感到枯燥无味，如果将要领编成朗朗上口、充满游戏性和趣味性的儿歌，效果就会迥然不同。这样既加强了动作要领的掌握，又不单调枯燥；既调节了宽松自由的气氛，又提高了特殊儿童活动的激情。

5. 器材形象化

“玩具是幼儿的天使，特殊儿童也不例外”。感统器材色彩鲜艳、造型美观，能吸引特殊儿童的注意，引起特殊儿童的兴趣。儿童看到它，想去摸一摸、试一试、玩一玩，这就是它的独特之处。为了让感觉统合训练变得更为生动愉快，让特殊儿童变得更为积极主动，我们赋予这些器材生命和灵性，将它们形象化与游戏化，并围绕感觉统合训练的某一器材设计一系列的活动方法。

（二）以人为本，量力而行

教师在训练前要充分地、科学地评估特殊儿童情况，训练时也要采用小步子、多循环的原则，设计游戏难度要适中，这样特殊儿童才会产生成就感，增强他们的自信心，也能帮助教师一步步引导儿童完成任务目标，达到训练的效果。教师一定不要操之过急、忽略儿童的感受，使儿童拒绝参与，这也是感觉统合训练最容易失败的地方。

（三）耐心细致，适时鼓励

特殊儿童是一群特殊的群体，大脑器质性损伤以及社会、家庭不良因素的共同作用，致使特殊儿童出现心理、行为问题，他们常表现为害怕情绪、发脾气、易怒、爱哭闹。对于儿童一时做不到的活动，教师要细心观察用心引导，并将此做成计划，用游戏将这些不佳的感觉反应进行有效的组织。若儿童出现不良情绪，教师要马上中止训练，进行安抚，调整好儿童的情绪，在训练中教师需要耐心、耐心、再耐心。

第四节　沙盘游戏

沙盘游戏是一种心理分析的专业技术，可以在心理教育实践中发挥积极的作用。它能够为儿童提供一种自由、安全而受保护的空间，使其在沙盘游戏的过程中获得治愈与发展。同时，沙盘游戏符合儿童喜欢游戏的特点，能够帮助儿童克服语言表达不完善的困难，使儿童在愉悦的环境中获得教育的意义，是一种非常适合儿童心理教育的技术。自沙盘游戏疗法盛行以来，社会不同领域将其引入其中，为了给特殊儿童身心健康发展找寻一条有效的路径，特殊儿童教育工作者经过理论分析与实践验证，将其应用到自闭症谱系障碍儿童以及注意缺陷多动障碍儿童等研究领域。下面我们就来了解沙盘游戏的相关理论及其在特殊儿童早期训练与干预中的应用。

一、沙盘游戏在特殊儿童早期训练中的操作过程

面对一个新来诊所的儿童，治疗师首先要做的就是让彼此很快地熟悉起来，取得儿童对自己的信任，同时初步了解一些儿童的基本情况。然后治疗师逐步将儿童的兴趣引向沙盘游戏的材料中，并明确告诉他只要他愿意他可以随意使用它们，自由建造出头脑中想象的任何图景。

在儿童玩沙盘游戏的过程中，治疗师要坐在离儿童较近的地方，以便随时发现儿童在游戏中泄露出来的“种种秘密”。但是不能太过于接近，太近了会干扰儿童的建造过程。

在儿童完成建造之前，治疗者最好不要插话，不要问问题，也不要发表任何意见，只是静静地观看。建造完成之后，治疗师要调查一些惹人注意的举动的特殊含义，询问儿童每一个形象具体代表着什么，或提出一些其他问题。

二、沙盘游戏应用于特殊儿童教育的特点

(一)使儿童具有自由与受保护的空间

特殊儿童往往都是身心存在障碍的儿童,他们的认知、情感和社会性发展一般都低于普通儿童,他们对于生活学习中规则的理解、情绪的控制具有一定的自我解读性,从而对自己的教师、亲属以及同伴等有许多分歧和排斥,而在沙盘游戏的空间中,不分析、不评价和静默见证,允许犯错误,使特殊儿童摆脱了负性评价的影响,特殊儿童会觉得创作很自由,没有约束,“世界”是在没有其他成人的示范和干扰之下完成的,可以真实地反映特殊儿童的内心世界。

(二)对儿童具有接纳与包容的态度,尊重儿童

治疗师在治疗过程中注重营造一种自由、被保护的环境,承认并接纳特殊儿童身心发展的现状,并相信特殊儿童具有与普通儿童一样的自愈力与发展潜能。沙盘游戏能够赋予每个特殊儿童力量,来让他们决定自己的治疗流程,治疗师尊重每个特殊儿童对他们“世界”的创作和个人解释。特殊儿童在整个治疗过程中是主动的、有意识的,一定程度上能够克服其自身的无助感和自卑感。治疗师在此基础上与特殊儿童保持互动,真诚关爱,但却不苛求他们一定要呈现精彩的沙盘作品,不仅为特殊儿童提供了自由发展的空间,也尊重了儿童的自我差异性和自我发展潜力。

(三)具有情境性互动

沙盘游戏,通过特殊儿童与沙子和各种微缩模型玩具以及治疗师等的互动,借助游戏对儿童的天性吸引力,迁移儿童的注意力和兴趣,缓解儿童内心的抵抗力,让儿童在自由自在的想象中进行游戏,缓解由不健全身心发展造成的不稳定感,自由地表达自我,宣泄不良情绪,唤醒个体潜意识与躯体感觉,碰撞出最本源的心理内容。

三、沙盘游戏在自闭症谱系障碍儿童干预中的应用

1986年,Nehama Baum 用沙盘游戏治疗自闭症谱系障碍儿童,他强调治疗师通过儿童的游戏来探讨其无意识世界的意象,从而进入他们的内心世界。在沙盘治疗的过程中,自闭症谱系障碍儿童通过与治疗师建立良好关系,能够逐步增强与他人的情感联结,缓解自身的焦虑抵抗情绪,能够慢慢地开始运用语言和眼神交流来表达他们的要求。

用沙盘游戏对自闭症谱系障碍儿童进行干预时应注意以下几点:首先,重在过程。应关注自闭症谱系障碍儿童在游戏过程中的游戏方式和与陪伴者的互动,关注沙盘作品的产生过程。其次,顺其自然。不强迫自闭症谱系障碍儿童选择某一类玩具或完成某项任务,治疗者或家长的作用在于帮助自闭症儿童按照其意愿完成沙盘游戏,而非为其设计作品。再次,适当辅助。部分重度自闭症谱系障碍儿童刚开始可能不拿玩具,也不玩沙子,治疗者可给予适当的辅助,帮助其从玩具架上选择。最后,从容等待。自闭症谱系障碍儿童的康复不是一朝一夕的事,其沙盘游戏的发展可能慢于普通人群,治疗者以及家长要学会等待,不因短期内看不到明显效果而匆匆放弃。

沙盘疗法治疗自闭症谱系障碍儿童的实践已在进行,但相关研究并不系统,还需要更多的实证研究来探讨更适合于自闭症谱系障碍儿童的沙盘疗法干预方式。

四、沙盘游戏对注意缺陷多动障碍儿童的干预效果

注意缺陷多动障碍儿童的核心症状是注意缺陷和活动过度,这使得儿童在沙盘游戏过程中经常表现出多动多话的行为,沙盘游戏能帮助注意缺陷多动障碍儿童释放情绪压力,控制其多动行为,并且在游戏中使其注意力得到培养,改善其伴随的行为问题,有利于儿童的健康成长。在沙盘治疗师与注意缺陷多动障碍儿童一对一的咨访关系中,儿童更易感受到被保护、被尊重的治疗氛围,这种氛围有利于他们全身心地集中注意力投入到沙盘制作中,从而使外显行为问题得到缓解。沙盘游戏治疗所强调的静默关注、共感理解,利于注意缺陷多动障碍儿童在治疗过程中获得积极的自我评价与内在成就感及价值感。沙盘游

戏中沙箱的固定性、限制性使得注意缺陷多动障碍儿童认识到有必要控制与约束自我行为，而沙子的流动性、易塑性特质，则有利于其积极进行自我探索，从而有助于实现自我治愈的可能。

思考与练习

1. 蒙台梭利特殊教育方法有哪些？
2. 奥尔夫音乐教育的特色有哪些？
3. 简述教师在特殊儿童感觉统合训练中的作用。

参考书目

[1]华国栋. 特殊需要儿童的心理与教育[M]. 北京:高等教育出版社,2004.

[2]艾伦,施瓦兹. 特殊儿童的早期融合教育[M]. 周念丽,苏雪云,张旭,等,译. 上海:华东师范大学出版社, 2005.

[3]朴永馨. 特殊教育辞典[M]. 北京:华夏出版社,2006.

[4]韦小满. 特殊儿童心理评估[M]. 北京:华夏出版社,2006.

[5]雷江华. 学前特殊儿童教育[M]. 武汉:华中师范大学出版社,2008.

[6]哈拉汉,考夫曼,普伦. 特殊教育导论[M]. 肖非,译. 北京:中国人民大学出版社, 2010.

[7]何侃. 特殊儿童康复概论[M]. 南京:南京师范大学出版社,2015.

[8]梁纪恒. 特殊儿童早期鉴别、评估与干预[M]. 北京:中国轻工业出版社,2015.

[9]朱楠,蔡迎旗. 特殊儿童发展与学习[M]. 武汉:武汉大学出版社,2016.

[10]顾群. 特殊需要儿童发展与学习[M]. 北京:科学出版社,2018.

[11]刘建梅,赵凤兰. 特殊儿童早期训练与指导[M]. 上海:复旦大学出版社,2018.

[12]王萍. 学前特殊儿童教育[M]. 北京:清华大学出版社,2019.